L'ÉCOUTE ACTIVE

Améliorez vos compétences en matière de conversation, apprenez des techniques de communication efficaces et entretenez des relations fructueuses grâce à six conseils essentiels.

JOSEPH SORENSEN

Table des matières

commerciales mentionnées le sont sans autorisation écrite et ne peuvent en aucun cas être considérées comme une approbation du détenteur de la marque.

Introduction

Ce livre vous aidera à apprendre comment devenir un auditeur actif grâce à des conseils faciles à suivre qui peuvent être intégrés dans votre vie quotidienne. Dans le livre, vous trouverez des discussions sur diverses techniques de communication.

Vous apprendrez ensuite des compétences pratiques sur la façon d'améliorer les compétences d'écoute, qui fonctionnent dans des scénarios où la communication implique des interactions individuelles ou de groupe. Les compétences d'écoute abordées concernent à la fois celles qui nécessitent de parler et celles qui peuvent être obtenues sans aucune action verbale.

Le livre contient des conseils pratiques qui aident à développer la capacité d'écoute active. Il contient des exemples de la façon dont les conseils peuvent être utilisés dans diverses situations. Vous trouverez des exemples de conseils à prendre en compte en premier lieu, en fonction du scénario auquel vous êtes confronté.

En parcourant le livre, on trouvera des moyens d'améliorer ses capacités d'écoute, grâce au processus d'écoute active. Les détails sur la façon de mesurer l'amélioration de la capacité d'écoute sont partagés. Les pièges à éviter dans le cadre de l'amélioration des compétences d'écoute sont également présentés dans le livre.

Enfin, l'ouvrage explique comment utiliser les compétences acquises en matière d'écoute pour se rendre inoubliable tout au long de sa vie. Des scénarios et des exemples variés sont partagés, que l'on peut facilement mettre en œuvre pour construire des relations meilleures, plus fortes et épanouissantes.

Techniques de communication

Les techniques de communication, par définition, sont des moyens d'application pratique des concepts de communication. La communication se fait de trois manières principales :

- Verbale - Non-verbale - Par écrit - Visuelle La communication verbale peut se faire en personne ou par le biais de divers médias, par exemple une conversation téléphonique. Les applications sont pertinentes même dans des situations inattendues que l'on rencontre dans la vie quotidienne. Les techniques utilisées sont variées et doivent être appliquées dans le contexte de ce que l'on rencontre à un moment donné. Les techniques de communication efficaces sont simples et faciles à intégrer. Ces techniques sont applicables même dans le monde de l'écrit. L'avantage de l'écrit est que l'information à transmettre peut être modifiée jusqu'à ce que l'on parvienne à une version que l'on peut transmettre sans problème. Cela donne l'occasion de corriger les erreurs à l'avance. Pour développer des compétences de communication efficaces, il faut d'abord se concentrer sur l'affinement de la capacité d'écoute, l'écoute active. L'écoute active consiste à la fois à entendre le message qui est transmis et à le comprendre.

Dans un monde où l'attention de chacun est attirée par une myriade de questions, les techniques de communication sont un moyen de se démarquer. Il est important d'être unique dans ce domaine, tant sur le lieu de travail, en particulier dans les situations nécessitant un travail d'équipe, que dans les cercles sociaux. Dans les professions axées sur la vente, les techniques de communication efficaces peuvent faire la différence entre la réussite et l'échec professionnels. Les personnes travaillant dans des secteurs où il faut résoudre des conflits savent à quel point l'écoute active est essentielle pour une communication efficace. Une communication efficace permet d'aboutir à une majorité de scénarios gagnant-gagnant. Il convient toutefois de noter que certaines situations nécessitent de désactiver la technique de l'écoute.

Les techniques de communication efficaces peuvent être considérées comme un outil de persuasion. Lorsque l'on utilise des techniques de communication pour persuader, il faut tenir compte du contexte dans lequel la communication aura lieu, car c'est un facteur qui peut affecter le succès de l'objectif global. Il ne faut pas oublier que la persuasion peut parfois prendre du temps. Les techniques de communication utilisées peuvent déterminer la qualité du message reçu. Toute personne soucieuse d'une communication efficace ne part pas du principe qu'elle a eu lieu, mais se concentre plutôt sur les moyens d'améliorer et de confirmer que la communication a bien eu lieu. En passant en revue les techniques de communication, on apprend comment aider l'autre partie à recevoir la communication telle qu'elle a été voulue par l'expéditeur du message.

Lorsqu'on examine la communication, il est important de tenir compte de la manière dont le contexte culturel affecte le processus. Pour comprendre l'importance des techniques de communication, il faut examiner le processus du point de vue où son efficacité peut être affectée.

La communication peut être confrontée à des défis dès le point d'origine, pendant la transmission ou au moment de la réception.

Dans de nombreux scénarios, un grand nombre de personnes considérées comme intelligentes supposent qu'elles sont efficaces en matière de communication alors qu'en réalité, c'est loin d'être le cas. Ce manque d'efficacité peut affecter une personne, même dans des scénarios de prise de parole en public. Du point de vue de l'orateur, l'objectif principal doit être de délivrer le message voulu de manière à ce que la personne qui le reçoit soit capable de le comprendre.

En ce qui concerne les techniques de communication, il faut se rappeler que les petits changements font une énorme différence dans le résultat final. Ne pas tenir compte, par exemple, d'une lettre dans un mot peut faire une énorme différence ; au final, le résultat serait un problème de communication. Voici quelques-uns des éléments importants à prendre en compte en ce qui concerne les techniques de communication :

- Approche - Attitude - Pratique Travailler sur les techniques de communication à l'avance s'avère utile dans les scénarios où l'on n'a pas eu le temps de se préparer sur ce qu'il faut dire. Ces techniques sont particulièrement efficaces dans les situations de forte pression. Plusieurs personnes ont du mal à communiquer avec les autres dans de tels scénarios où l'on se trouve dans un environnement peu familier.

Un exemple d'environnement inconnu dans lequel on peut tirer parti des techniques de communication est l'art du démarchage téléphonique. Le démarchage téléphonique est une compétence dont l'efficacité fait la différence dans les situations de travail qui requièrent son utilisation, par exemple dans le domaine de la vente. Cette compétence entre également en jeu dans les situations courantes de la vie quotidienne, comme répondre à une question posée au hasard par quelqu'un. Travailler sur ces techniques fait une différence dans la vie de tous les jours, car les humains sont généralement plus exposés à des situations de communication spontanées qu'à des événements planifiés, les premières étant illustrées par les présentations quotidiennes aux personnes que l'on rencontre pour la première fois.

Un autre scénario quotidien non planifié, en particulier sur le lieu de travail et dans les situations professionnelles, est le processus de retour d'information. Les techniques permettent de recevoir un retour d'information de la part des personnes à qui l'on peut demander leur avis sur certaines questions qui les intéressent. La façon dont on réagit au retour d'information peut être déterminée par la façon dont on communique. Cela est particulièrement important dans les scénarios où l'on a affaire, par exemple, à un employé que l'on ne veut pas perdre. Certaines personnes décident de rester ou de quitter un lieu de travail en fonction de l'environnement de travail. L'environnement de travail est influencé par la façon dont la communication se déroule.

D'un autre côté, les compétences en communication des

travailleurs peuvent avoir un effet direct sur les performances d'une entreprise à un moment donné. Ceux qui ont assisté à des séminaires et/ou à des conférences connaissent bien les séances de questions-réponses où les techniques de communication entrent en jeu dans un contexte spontané. Les techniques de communication peuvent également être utilisées par les étudiants pour faciliter l'apprentissage. Il faut comprendre que la communication est double en termes de direction. Il faut également savoir que les individus peuvent généralement devenir bons ou meilleurs en communication s'ils choisissent d'intégrer les techniques.

Même si l'on peut rencontrer des difficultés à communiquer, les techniques peuvent aider à surmonter les obstacles. L'objectif est de ne pas avoir d'idées préconçues sur ce que le public pensera de sa communication.

Il est important de considérer l'anxiété comme l'un des facteurs pouvant affecter l'efficacité de la communication. La communication efficace peut également être affectée par l'étiquette de la communication. Pour aborder les différents aspects des techniques de communication, il peut être utile de les catégoriser en fonction des facteurs qui peuvent affecter l'efficacité de la communication, à savoir comment gérer l'anxiété et l'étiquette de la communication. Les techniques de communication qui seront abordées s'appliquent aussi bien aux adultes qu'aux enfants. Les adultes peuvent utiliser les techniques pour aider les enfants à améliorer leur communication. Les techniques aideront également les personnes à engager la conversation.

Gérer l'anxiété On dit qu'une grande majorité de personnes, même celles qui ont l'habitude de parler en public, souffrent d'une certaine forme d'anxiété lorsqu'elles se trouvent dans une situation où elles doivent parler à des gens. Certaines personnes décrivent ce sentiment comme de la nervosité ou, dans les cas extrêmes, comme le trac. D'autres comparent cette expérience à celle d'être terrifié. Il ne faut pas laisser la peur interférer avec l'objectif global de la communication. La meilleure façon de surmonter cette peur est de la dépasser. Il est toutefois important de réaliser que, dans de nombreux cas, ce sentiment peut être géré de manière adéquate.

Il existe des techniques qui peuvent être utilisées pour gérer ce type d'anxiété. Certains tirent parti de ce sentiment, le transformant de point de faiblesse en point de force en l'utilisant comme un outil pour affiner leur concentration. L'anxiété manifestée par un orateur du point de vue de l'auditoire peut avoir pour conséquence de mettre l'auditoire mal à l'aise. C'est à celui qui prend l'initiative de la communication de mettre l'auditoire à l'aise. Le fait de mettre le public cible à l'aise lui permet d'être dans une position de réception et non de désengagement. L'anxiété peut survenir juste avant le début du processus de communication.

Parmi les signes courants d'anxiété, on peut citer les tremblements, la transpiration ou ce que certains décrivent comme des papillons dans l'estomac. Il s'ensuit une voix intérieure où l'on se confirme à soi-même le sentiment d'anxiété que l'on ressent par des mots non exprimés. Si l'on poursuit ce schéma de pensée, on peut avoir l'impression que son auditoire est arrivé à une conclusion similaire en ce qui concerne son sentiment d'anxiété. Si ce processus se poursuit, on finit par augmenter le rythme de son anxiété.

Voici quelques outils qui peuvent être utilisés pour gérer l'anxiété :

- Reconnaissance : il faut d'abord reconnaître que le sentiment d'anxiété est présent. À ce stade, il faut se rappeler que les sentiments qu'on éprouve sont normaux pour la majorité des personnes, que la réaction est normale. Cette façon de penser peut aider une personne à mettre fin à ses pensées d'anxiété et à dépasser le point de contrôle. Il se peut que l'on se sente encore anxieux, mais que l'on maîtrise la situation.

- Recadrage : Cette technique consiste à changer de perspective sur la façon dont on envisage le processus de communication du point de vue du public cible. Le défi consiste ici à changer son état d'esprit et à ne plus considérer le processus de communication comme devant être parfait. Lorsque l'on cherche à ce que le processus soit parfait, on finit par se concentrer sur les erreurs qui peuvent se produire ou qui se produisent déjà. Cette façon de penser finit par rendre l'orateur plus nerveux. Il faut toujours se rappeler qu'il n'existe pas de méthode de communication parfaite. La meilleure façon d'y faire face est de considérer le processus comme un moyen de conversation.

Pour rendre le processus de communication conversationnel, on peut utiliser les outils suivants :

- Les questions : L'utilisation de questions au début de la communication transforme le processus en un processus interactif car elle attire le public en lui donnant l'occasion de contribuer. Les questions qui encouragent la contribution sont ouvertes par nature. Les questions ouvertes peuvent être utilisées comme une technique de communication permettant de comprendre la motivation de son interlocuteur. Vous pouvez utiliser toutes sortes de questions, y compris les questions rhétoriques. Les questions fermées sont utiles lorsque l'on cherche des réponses concises.

- Le langage conversationnel : L'orateur peut utiliser un langage qui le rapproche de son public, par opposition à un langage qui l'éloigne de son public cible. Ici, la définition du langage doit être envisagée dans le contexte des types verbal et non verbal. Un langage non verbal considéré comme anti-conversationnel consiste à placer les mains sur la poitrine ou même à s'éloigner physiquement du public. Le langage non verbal peut également être appelé langage corporel. Pour prendre le contrôle, il faut être intentionnel quant à son langage non verbal. Pour être crédible, il doit y avoir une synchronisation entre le langage verbal et non verbal. L'orateur doit utiliser un langage auquel l'auditoire peut s'identifier et qui correspond à ses scénarios. L'accent doit être mis ici sur l'obtention d'un état dans lequel le public a le sentiment d'être inclus. Cela peut être réalisé simplement en utilisant des pronoms. Les mots "je", "elle" et "nous" sont des exemples de pronoms.

- Orientation temporelle : Dans cette technique de gestion de l'anxiété, il faut s'efforcer de vivre le moment présent dans lequel on se trouve, plutôt que de s'inquiéter de l'avenir. Se trouver dans un état futur signifie ici, par exemple, se demander si le public va trouver son texte drôle. Ne pas se concentrer sur ce qui va se passer peut rendre moins nerveux. Voici quelques moyens utilisés par certains orateurs pour garder leur esprit sur les circonstances présentes :

- L'activité physique :

Le fait même d'être actif physiquement oblige l'esprit à se

concentrer sur la situation présente à laquelle il est confronté. L'activité physique peut consister à faire une promenade avant la session de discours.

- Musique : on peut choisir d'écouter de la musique qui a un effet calmant sur soi.

- Les virelangues : il a été démontré qu'elles aident les orateurs à se concentrer sur le présent, car l'esprit se concentre sur l'effort à fournir pour ne pas dire le virelangue de travers. Les virelangues ont l'avantage supplémentaire d'aider l'orateur à réchauffer sa voix.

- Les mots de remplissage : Les exemples de mots de remplissage incluent uh, so et like. L'utilisation de mots de remplissage, en particulier lorsque l'on parle, peut donner l'impression que l'on n'est pas sûr de ce que l'on dit. Lorsqu'on projette l'incertitude dans le contexte de la communication, on perd la possibilité d'être considéré comme digne de confiance par le destinataire du message. Cela devient critique dans les scénarios qui nécessitent la persuasion de l'autre partie, par exemple dans les processus de vente. Il convient d'éviter d'utiliser ces mots, même pour combler une pause dans un discours. Il serait utile de savoir que c'est un phénomène assez courant pour ceux qui parlent.

- Notes pour l'orateur : Afin d'atténuer l'anxiété des orateurs, vous pouvez choisir d'avoir des notes qui donnent un aperçu général de ce dont vous voulez parler. Les notes peuvent être présentées sous forme de questions afin d'aider les participants à parler d'un point de vue conversationnel. La conversation peut aider à réduire le stress qui cause l'anxiété. Les notes de l'orateur peuvent également être utiles dans un cadre professionnel, par exemple lors de réunions.

- La recherche : On peut gérer l'anxiété en effectuant des recherches sur le public ou la personne avec laquelle on va communiquer. Cela permet d'être plus à l'aise car on a confiance dans le type de personne ou de public avec lequel on va interagir.

Règles de communication Tirer parti des règles de communication est un autre moyen important de faire face aux obstacles qui peuvent s'élever contre une communication efficace, et peut aider à se sentir à l'aise dans les situations de communication. Les règles de communication peuvent être considérées comme des formes d'improvisation. Les points centraux à prendre en compte sont les suivants :

- Le silence : Les communicateurs compétents sont capables de tirer parti de l'effet du silence pour amener les individus à parler de sujets qu'ils ne seraient pas prêts à aborder autrement. L'astuce consiste ici à ne pas céder à la tentation de combler les pauses du silence par des mots. Il faut plutôt utiliser cet outil pour inciter son partenaire de communication à prendre part à la conversation. Cet outil peut permettre de recueillir des informations détaillées pendant que le partenaire de communication cherche à combler les pauses de silence. L'accent doit être mis sur l'atteinte d'un état de silence attentif.

- Le miroir : Cette technique consiste à copier les gestes et les positions de la personne avec laquelle on communique. L'effet que cela produit sur le partenaire de communication est que l'autre partie se sent à l'aise, car elle a l'impression que le communicateur lui tend la main. Cette technique doit être utilisée de manière subtile, sinon elle perd l'effet escompté. Cette technique est un excellent outil qui a un effet positif, notamment lors de conversations qui peuvent être considérées comme difficiles. Lorsqu'on ne se trouve pas dans un même lieu, on peut considérer que le mirroring consiste à répondre en utilisant le même média que son interlocuteur.

- La flexibilité : Cet outil doit être considéré du point de vue d'un partenaire qui écoute dans un processus de communication. Dans ce cas, il faut être capable de lire ce qui n'est pas communiqué par les mots. C'est ce qu'on appelle l'écoute active.

- Le retour d'information : Demander ou donner un retour d'information est un outil qui peut être utilisé pour parvenir à une communication efficace. Cet outil permet aux personnes impliquées dans le dialogue de sentir qu'elles sont un élément important du processus.

- Curiosité : Un outil de communication efficace que l'on peut utiliser est le développement de la curiosité des personnes avec lesquelles on communique. Du point de vue de l'autre partie, cela est perçu comme un véritable intérêt pour ce qu'elle est et/ou pour les situations dans lesquelles elle se trouve. L'auteur de la communication gagne également en respect aux yeux du destinataire du message communiqué. Un autre avantage de cet outil est qu'il permet de comprendre les raisons pour lesquelles l'autre partie fait ce qu'elle fait. Lorsque l'autre partie se sent comprise, il est alors plus facile de la persuader. Lorsque l'on comprend le raisonnement qui sous-tend les actions d'une autre partie, il est possible de créer des relations plus solides avec elle. Cet outil permet également à l'auteur de la communication de paraître moins intimidant.

- Nous-mêmes : Ici, on cherche à être parfait ou à avoir raison dans le processus de communication. Plus on essaie de viser la perfection, plus on risque de faire une erreur. La personnalité de chacun peut influer sur notre capacité à communiquer dans un scénario donné. Les personnes dont la personnalité est orientée vers la planification, dans le but de bien communiquer, peuvent finir par se tromper, car elles risquent d'être stressées par ce qui pourrait mal se passer, au lieu d'être détendues. Cela conduira à une communication inefficace. L'astuce consiste ici à ne pas trop planifier et à s'oublier dans le contexte de scénarios de communication spontanée.

L'accent doit être mis sur la communication en fonction de la situation qui se déroule. Une façon de s'oublier est d'encourager son partenaire de communication à parler davantage. Lorsque l'on trouve un moyen de ne plus être le centre de la communication, on gagne la confiance de l'autre partie dans le processus de communication.

Un autre scénario est celui où la personnalité d'une personne l'amène à suivre certains schémas dans le processus de communication. Ces schémas ne sont parfois d'aucune utilité et peuvent même nuire à l'objectif de la communication. Ces schémas sont dus à la mémoire musculaire. Le moyen de supprimer ces schémas est de se forcer à développer de nouvelles façons de communiquer, notamment dans le cadre de scénarios spontanés. Ce qui fonctionne bien dans les situations spontanées, pour que la communication semble authentique, c'est de répondre aux événements qui se déroulent au fur et à mesure qu'ils se produisent, plutôt que de réagir en fonction de processus de pensée planifiés à l'avance, ce qui donne l'impression que l'on n'est pas authentique du point de vue du destinataire de la communication.

- Point de vue : Il s'agit de la façon dont on considère la situation de communication à laquelle on est confronté. On peut la considérer comme une opportunité ou un défi. La considérer comme une opportunité revient à avoir un état d'esprit positif, tandis que la considérer comme un défi revient à adopter un état d'esprit négatif. La façon dont on aborde une situation détermine l'efficacité de la communication avec le partenaire de communication. En effet, notre point de vue détermine ce que nous ressentons et, par conséquent, la manière dont nous agirons et parlerons. Il faut s'efforcer de considérer les scénarios de communication comme des opportunités. Le fait de considérer les scénarios qui se déroulent comme des opportunités permet de se détendre et même de s'amuser. Cela peut être considéré comme un type de recadrage. Un état d'esprit négatif peut amener l'auteur de la communication à sembler critique, ce qui peut conduire le destinataire à construire un mur de défense autour de lui, rendant le processus de communication inefficace.

- Enthousiasme : L'humeur d'une personne peut avoir un effet sur la façon dont les destinataires d'un processus de communication perçoivent un message. Il est donc impératif de chercher à communiquer avec enthousiasme, en tenant compte du contexte global du message que l'on souhaite faire passer. Lorsqu'une personne est enthousiaste, le message communiqué peut être considéré, du point de vue du destinataire du message, comme un message enthousiaste. Lorsqu'un processus de communication est considéré comme enthousiaste, les destinataires sont plus susceptibles de réagir positivement.

- L'écoute : L'orateur doit ralentir le rythme pour éviter de répondre à ce qu'il pense que son public cible demande sans attendre que le public ait fini de s'exprimer. Il faut partir du point de vue que l'on est là pour servir son public. L'écoute devient donc un moyen pour l'orateur de comprendre exactement ce que le public demande. Pour ralentir, l'orateur doit faire une pause entre les mots qu'il prononce. L'écoute aide l'orateur à tirer parti de la force de l'instant présent. L'orateur ne doit donc répondre qu'après avoir écouté son auditoire. Cela lui permettra d'adapter sa réponse à son auditoire.

Travailler sur la partie écoute de la communication peut aider à rallier les autres à sa cause. Il faut savoir que l'écoute doit porter sur les aspects verbaux et non verbaux. Lorsque l'on écoute, l'autre partie a l'impression que l'auditeur fait passer ses intérêts avant les siens.

- Raconter des histoires : La meilleure façon de répondre est de le faire dans le contexte d'une histoire. Même s'il est préférable de répondre par le biais d'une histoire, il est important de se rappeler que l'histoire doit être structurée. La structure permet d'avoir de meilleures chances de s'exprimer avec succès. La structure aidera le public visé à traiter les informations de l'orateur de manière plus efficace. L'utilisation d'une structure permet de mieux se souvenir et aide l'orateur à ne pas perdre l'attention de son public. La structure permet également de préciser les attentes de l'auditoire. Voici quelques-unes des structures utiles dans les situations d'expression orale :

- La structure Opportunité-Réponse-Avantage : Dans cette structure de récit, l'orateur parle d'abord d'une opportunité disponible, suivie d'une réponse pour une telle opportunité, puis des avantages de fournir des réponses pour l'opportunité qui a été présentée. Cette structure permet à l'orateur d'être persuasif.

- Structure "quoi, pourquoi, quoi" : Cette structure permet de répondre à la question de savoir ce qu'est une chose, puis pourquoi il faut l'envisager et enfin, ce qu'il faut faire par la suite. Cette structure est utile dans les scénarios où il faut répondre à des questions ou faire des présentations. Dans ce dernier cas, la section initiale de la structure se transforme en qui.

- Humour : c'est un outil qui peut être utilisé pour créer des liens dans divers scénarios. Le défi de cet outil réside dans la perception du partenaire de dialogue, qui doit déterminer si ce qui est présenté comme de l'humour est considéré comme drôle ou non. Ce qui est drôle pour une personne peut être offensant pour une autre, notamment dans le contexte de la culture. L'humour peut être utilisé pour donner un caractère pratique à la communication. Il peut être utile pour gérer des scénarios tendus, par exemple lors de la communication d'une correction.

Dans de tels scénarios, son effet est qu'il peut annuler la possibilité que la communication soit perçue comme offensante.

- L'approbation : Un certain nombre d'individus ont besoin d'être approuvés. Le besoin d'approbation peut donc être utilisé comme une technique de communication. Lorsqu'une personne montre son approbation à celle avec qui elle communique, un lien se crée entre elles. La personne qui reçoit l'approbation a tendance à se sentir entendue et comprise. Pour ce faire, on peut dire à son interlocuteur ce que l'on admire chez lui ou dans sa situation - l'approbation, lors-qu'elle est sincère, peut être un outil de persuasion.

- Le contact visuel : Ici, il faut tenir compte du contexte culturel du processus de communication. Dans certains cas, le contact visuel peut mettre l'interlocuteur mal à l'aise, voire être interprété comme offensant. D'autre part, éviter le contact visuel peut être interprété comme un manque de confiance. Il faut essayer d'atteindre un équilibre confortable, car un contact visuel trop important peut être interprété comme une forme d'intimidation. L'objectif est d'utiliser le contact visuel pour communiquer un intérêt pour la personne et le sujet abordé, tout en veillant à ce que les deux parties soient à l'aise. Pour l'émetteur de la communication, le contact visuel est un outil utilisé pour maintenir l'attention des destinataires du message.

- Vulnérabilité : Partager ses difficultés est une technique de communication qui permet de créer un lien avec ses interlo-cuteurs. La vulnérabilité dans le contexte de la communication permet d'établir la confiance, qui est un ingrédient pour construire des relations.

- La concision : Pour être efficace dans la communica-tion, l'objectif doit être de faire passer le message en aussi peu de mots que possible. Lorsque la communication implique une surcharge de mots ou d'informations, l'attention peut être perdue. De plus, un orateur peut être considéré comme ennuyeux, ce qui constitue un risque de perdre le lien avec les interlocuteurs. Le manque de concision entraîne également une perte de clarté quant au message que l'on souhaite faire passer. Lorsqu'il y a trop d'informations, on court le risque que le destinataire ne soit pas en mesure de traiter le message donné. Les questions peuvent être utilisées comme un moyen de faire une pause dans les longues conversations.

- Le travail d'équipe : Lorsque l'on communique, il est préférable, selon le contexte de la communication, de donner aux destinataires du message l'impression que celui qui parle est de leur côté. Lorsque l'on crée cette similitude d'objectif avec les destinataires, un lien se crée. Dans ce cas, il faut envisager d'utiliser des mots qui signifient le travail d'équipe. Ces mots comprennent "notre", "nous" et "nous".

- L'empathie : L'une des règles de communication à suivre est d'essayer de se mettre dans la situation ou l'état d'esprit de la personne avec laquelle on communique. L'autre partie se sent ainsi comprise et valorisée. L'empathie peut être utilisée comme un outil de prédiction des réactions à attendre du message ou de la manière dont un message est transmis. L'objectif est de faire correspondre la façon dont le message est transmis à la personnalité du destinataire.

- Le nom : Selon le contexte culturel, utiliser le nom d'une personne pour communiquer avec elle peut lui donner le sentiment d'être valorisée, appréciée et reconnue. L'utilisation du nom d'une personne pour s'adresser à elle attire également son attention sur la conversation. Dans ce cas, il est essentiel de se rappeler que la prononciation du nom doit être correcte.

- Égalisation : Lors de la communication, il est utile dans certaines situations de créer un sentiment d'absence de supériorité. Cela permet au destinataire de se sentir valorisé. En retour, le destinataire aura le sentiment que l'on peut faire confiance à l'auteur du message.

Les règles de communication ci-dessus aident l'orateur à

déterminer comment dire quelque chose. Il ne lui reste donc plus qu'à décider de ce qu'il va dire.

L'utilisation des outils de gestion de l'anxiété et de communication permet de devenir un orateur plus efficace à mesure que l'on continue à utiliser ces outils pour s'entraîner à parler. Les techniques permettent de devenir un orateur capable de communiquer avec son public. On peut également utiliser les outils pour s'affirmer, se faire comprendre et devenir un point d'influence. Ces outils peuvent faire la différence entre plafonner sur le plan professionnel et atteindre le niveau le plus élevé possible dans la carrière que l'on a choisie. Les personnes dotées de grandes capacités de communication sont capables de bien s'exprimer lors d'un entretien. Ceux qui cherchent à attirer des investisseurs dans leur rêve peuvent utiliser ces techniques pour atteindre leur objectif. Sur le plan professionnel, les techniques peuvent aider une personne à demander une augmentation.

Il ne faut jamais oublier de maîtriser les techniques de communication. L'accent doit être mis sur l'orateur et l'auditeur.

En outre, certaines compétences peuvent être adaptées à des types particuliers de publics ou de partenaires de dialogue. Voici quelques-uns de ces publics :

- Les publics hostiles : Lorsque l'on communique avec un public hostile, il faut se souvenir de reconnaître les émotions de l'auditoire sans pour autant nommer l'émotion spécifique. Nommer l'émotion peut conduire à des discussions animées sur le fait de savoir si l'émotion a été identifiée correctement ou non. Dans la plupart des cas, cela n'est pas de bon augure pour le public. Une fois les émotions reconnues, l'orateur peut alors recadrer la question posée vers un point de vue avec lequel il est plus à l'aise pour y répondre. Il est important pour un orateur confronté à un public hostile de développer la capacité à être conscient de l'environnement dans lequel il se trouve.

Cela signifie qu'il doit essayer autant que possible de s'assurer qu'il ne sera pas pris au dépourvu par de tels scénarios. Cela donne à l'orateur une marge de manœuvre pour répondre efficacement. Si l'orateur passe en mode défensif dans des scénarios hostiles, il ne sera malheureusement pas en mesure d'écouter son public.

- Publics éloignés : Pour ce type de public, il est important d'utiliser des techniques d'engagement qui les feront participer au processus de communication. Voici quelques-unes de ces techniques d'engagement :

- L'utilisation de situations imaginaires : L'orateur doit impliquer l'auditoire dans un langage qui l'amène à se faire une image en tête.

- L'utilisation de techniques de sondage : Cette technique peut être utilisée pour permettre à des publics éloignés de s'impliquer dans une communication continue.

- Utilisation d'outils de collaboration : Des outils tels que Google docs peuvent être utilisés pour participer activement au processus de communication.

Pour les publics éloignés, l'objectif principal doit être de rendre la communication variée et attrayante afin de permettre une véritable connexion avec l'orateur.

- Publics interculturels : L'orateur qui communique avec des publics interculturels doit se renseigner sur les difficultés rencontrées lorsqu'il s'adresse à des publics interculturels et, si possible, planifier à l'avance la manière d'y faire face, l'objectif général étant de pouvoir surmonter ces difficultés pour établir un lien avec le public. L'orateur doit déterminer quelles sont les attentes de son public dans son contexte culturel. Cela peut être aussi simple que de prendre en considération le type d'habillement. L'orateur doit connaître les règles et règlements qui régissent la culture du public avec lequel il est en contact.

2

Comment améliorer votre
capacité d'écoute

L'écoute est une compétence essentielle au succès de l'efficacité du processus de communication. Son importance est accrue dans le contexte actuel de l'interaction humaine, où la technologie est devenue, au fil du temps, un obstacle à une communication efficace. Cela est particulièrement vrai lorsque la technologie est considérée comme une distraction. Lorsqu'il s'agit d'améliorer les compétences d'écoute, il faut être patient et s'efforcer de devenir un auditeur actif. L'écoute active peut être définie comme l'écoute avec une attention totale. L'écoute active peut également être qualifiée de type d'écoute consciente, car elle commence par un choix conscient d'écouter activement. Grâce à l'écoute active, on peut constater une amélioration durable et prévisible au fil du temps. Ce qui rend la compétence d'écoute essentielle, c'est qu'il s'agit essentiellement de renoncer à une ressource qu'on ne pourra jamais récupérer, à savoir le temps. L'écoute active est considérée comme un outil psychologique.

Dans un monde hautement compétitif, la capacité d'écoute peut être un outil utilisé pour placer une personne ou une organisation en position de leader. Les dirigeants qui écoutent sont considérés comme des personnes réactives et compréhensives. En effet, lorsqu'elle est utilisée correctement, l'écoute peut améliorer la précision avec laquelle une organisation ou une personne apporte de la valeur. Lorsqu'une organisation apporte de la valeur ajoutée, elle peut à son tour fidéliser ses clients, ce qui peut se traduire par une augmentation des opportunités commerciales pour l'organisation. Une bonne écoute est en soi un outil qui peut être utilisé pour gagner du temps en réduisant le nombre d'erreurs susceptibles de se produire en raison d'une mauvaise interprétation.

La capacité d'écoute est applicable dans divers scénarios, notamment au travail et dans le contexte de la vie personnelle. Les avantages de l'écoute sont les suivants :

- La capacité de se sentir entendu, que ce soit en tant que locuteur ou en tant qu'auditoire. Cela peut être utile dans des situations conflictuelles ou pour vendre efficacement.

- Utiliser cette compétence pour établir des relations solides.

- Être capable d'établir des liens authentiques avec les autres.

- Être capable d'apprendre de nouvelles langues.

LORSQU'UNE PERSONNE SE SENT ÉCOUTÉE, elle est plus susceptible d'exprimer son point de vue authentique sur une myriade de questions. Dans un environnement qui exige un travail d'équipe, une bonne capacité d'écoute est essentielle pour faire coïncider les membres de l'équipe. Cela crée un environnement de travail où les solutions et la créativité circulent facilement. La création d'un environnement de travail positif par l'utilisation de compétences d'écoute peut faire la différence entre retenir les bons travailleurs et les perdre au profit de la concurrence.

Les compétences d'écoute peuvent aider les individus à se débarrasser des émotions de nature négative. C'est ce qu'utilisent par exemple les conseillers lors des séances de conseil. Il existe des compétences particulières que l'on peut utiliser afin d'écouter efficacement. Il s'agit notamment de

L'attention : Pour être un bon auditeur, il faut accorder de l'attention à l'orateur en se concentrant pleinement sur lui. Cela implique de regarder l'orateur et d'observer les indices qui sont de nature non verbale et que l'on appelle également le langage corporel. Les indices du langage corporel consistent à placer les mains sur la poitrine. Le ton de la voix de l'orateur est également un exemple d'indice non verbal. Le ton d'un orateur peut donner à un bon auditeur un aperçu de l'état émotionnel de l'orateur. Si l'on ne se concentre pas sur l'orateur, on passe à côté de ces indices. Les indices non verbaux peuvent donner à un auditeur un aperçu de l'état émotionnel de la personne qui parle. On peut essayer de répéter intérieurement dans sa tête les mots utilisés par l'orateur afin de rester concentré sur lui. Cette répétition permet de renforcer le message que l'orateur essaie de faire passer.

Lorsque vous accordez de l'attention à un orateur, veillez à le faire de manière équilibrée, afin que l'orateur n'interprète pas cette attention comme un regard fixe ou une intimidation. Il faut également essayer d'individualiser l'attention en fonction des émotions de l'orateur. Pour être un auditeur qui saisit toute l'image du message transmis, il faut traiter à la fois le verbal et le non-verbal en tandem. Selon l'endroit où se déroule la communication, l'auditeur peut être amené à se débarrasser mentalement de toute sorte de distractions, par exemple d'une activité de fond. Les distractions peuvent être internes ou externes. Les distractions internes comprennent le fait que le schéma de pensée d'une personne s'éloigne de ce que dit l'orateur.

Il est également important d'individualiser le type d'attention à accorder, car ce qui peut être considéré comme de l'attention dans un ensemble, par exemple le contact visuel, peut être considéré comme impoli dans une autre culture. Donner des indices pour montrer que l'on est attentif est plus important que le type d'indice.

Évitez les déviations : La déflexion peut être définie comme le fait de repousser ou de s'éloigner. Dans le contexte du développement de compétences d'écoute efficaces, elle est illustrée lorsqu'un auditeur décide de déplacer le sujet de conversation de celui que l'orateur aborde actuellement vers un autre qui l'intéresse. Cela peut être dû au fait que l'auditeur est mal à l'aise ou même ennuyé par le sujet en cours. Il serait plus subtil d'utiliser des questions fermées pour raccourcir le message de l'orateur que de changer carrément de sujet. La compétence à développer ici est d'encourager subtilement l'orateur à s'éloigner du sujet en cours sans prendre le contrôle du processus.

Du point de vue de l'orateur, un auditeur qui choisit de dévier le sujet passe pour quelqu'un qui n'a aucun respect pour lui, voire pour quelqu'un d'égoïste.

Évitez d'être plus malin que les autres : Pour devenir un bon auditeur, il faut éviter de détourner l'attention de l'orateur vers soi. L'une des façons d'y parvenir est de choisir de partager un scénario dans lequel vous avez été confronté à la même situation que celle que l'orateur essaie de partager. Cela donne l'image d'un interlocuteur vantard et égoïste.

Évitez de porter des jugements : Il s'agit d'éviter de critiquer la personne que l'on écoute. De cette façon, on se donne la chance de voir une situation du point de vue de l'interlocuteur. Dans certains cas, l'utilisation de cet outil pour améliorer l'écoute peut permettre à une connexion inattendue de se produire entre les personnes les plus improbables, même si elles prennent note des similitudes entre elles. Il faut éviter de formuler des critiques pendant l'écoute, car l'interlocuteur pourrait décider d'arrêter de communiquer. En général, lorsqu'une personne nourrit des pensées critiques pendant qu'elle écoute, cela se manifeste par des signes non verbaux, par exemple en fronçant les sourcils. Ces signaux négatifs non verbaux peuvent mettre l'interlocuteur sur la défensive, ce qui rend la communication inefficace.

Ne pas juger peut également aider à ne pas tirer de conclusions préconçues susceptibles de modifier la perception de l'intention du message. Le fait de porter des jugements peut également prendre la forme d'une correction mentale de l'accent ou de l'orthographe d'une personne. Ce faisant, on s'éloigne de l'habitude d'une écoute efficace.

Vue d'ensemble : Lorsqu'on écoute un orateur, il faut s'efforcer de se concentrer sur le message global plutôt que sur les détails, car ces derniers peuvent entraîner des distractions inutiles qui font passer à côté de l'essentiel du message que l'orateur voulait faire passer à l'auditeur. Dans le cas d'un entretien individuel, les distractions peuvent obliger la personne qui écoute à demander à l'orateur de se répéter. Cela peut provoquer un sentiment de frustration chez l'orateur et donner l'impression que l'auditeur n'est pas intéressé par le message transmis. Les répétitions inutiles dues à un manque de concentration de la part de l'auditeur font également perdre du temps.

Lorsqu'une personne se concentre sur l'ensemble de la situation, elle peut aussi être moins critique, et donc devenir plus efficace dans son écoute. Lorsqu'on est moins critique, on se concentre sur le contenu partagé dans la communication plutôt que sur les erreurs perçues comme ayant eu lieu.

Le contexte : Pour être un auditeur efficace, il faut toujours tenir compte du contexte dans lequel le message est transmis. Le même message peut avoir des significations différentes selon le contexte.

La culture : Les auditeurs efficaces sont conscients de leur culture. Cela permet d'utiliser de manière productive les outils d'écoute efficace dans un contexte culturel. Ne pas être conscient de la culture peut empêcher une communication efficace. En effet, ce qu'une culture considère comme approprié, une autre peut le considérer comme insultant.

Émotions : Le fait de se connecter aux émotions que l'orateur manifeste ou ressent fait de vous un excellent auditeur. Cela permet à l'auditeur de faire preuve d'empathie envers son interlocuteur. Dans certains cas, cela peut conduire à l'établissement d'une relation fructueuse entre l'orateur et l'auditeur. Cette relation peut ensuite être exploitée dans d'autres situations. L'orateur sera capable de dire quand un auditeur se connecte à lui émotionnellement, via le miroir des émotions qui aura lieu via des indices non verbaux de la part de l'auditeur. Pour pouvoir s'identifier aux émotions d'un orateur, il faut avoir toute son attention sur lui, ce qui fait de lui un meilleur auditeur puisqu'il écoute activement.

Une façon pour un bon auditeur de se connecter à un orateur est d'amplifier les émotions qu'il manifeste.

Faire face : Selon le contexte culturel, il est conseillé de faire face à la personne avec laquelle on communique. Cela implique de l'intérêt, de la confiance et, dans certains cas, du respect. Cela donne également à l'interlocuteur l'indication ou le feu vert pour commencer ou poursuivre la communication. Détourner le regard de son interlocuteur peut signifier le contraire. Lorsque vous faites face à une personne qui parle, veillez à vous débarrasser des distractions. Ce qu'il faut retenir de l'utilisation de l'outil "faire face" pour devenir un auditeur efficace, c'est qu'il faut le faire sans adopter une posture de confrontation.

Le feedback : Pour être un bon auditeur, il faut apprendre l'art de donner du feedback. Le feedback peut être donné de manière verbale ou non verbale. En général, l'aspect non verbal constitue la plus grande partie de la communication. Donner un retour d'information signale à l'interlocuteur que l'on est attentif et intéressé par le message transmis. Donner un retour d'information aide également l'auditeur à rester attentif. Dans le contexte du retour d'information, l'auditeur doit s'efforcer de refléter les sentiments de la personne qu'il écoute. Le retour d'information peut prendre la forme d'une paraphrase, qui permet de s'assurer que l'auditeur et la personne qui parle sont sur la même longueur d'onde. La paraphrase est également un moyen pour l'auditeur de montrer à son interlocuteur sa capacité d'écoute.

Donner un retour d'information peut également contribuer à éviter les malentendus qui, s'ils ne sont pas résolus, conduisent à une communication inefficace. Le retour d'information peut également être un moyen pour un auditeur de communiquer à son interlocuteur qu'il a compris le message transmis. Il faut cependant être conscient que le retour d'information doit montrer que l'on écoute, mais pas nécessairement que l'on est d'accord avec le message transmis.

Le feedback doit se concentrer sur la reconnaissance plutôt que sur l'accord, à moins que l'auditeur ne soit réellement d'accord avec le message communiqué. Lorsqu'il donne un feedback non verbal, l'auditeur doit utiliser un langage qui lui est confortable, tout en tenant compte du contexte culturel du lieu où la communication a lieu. Il s'agit de s'assurer qu'il n'a pas l'air ou ne se sent pas mal à l'aise et qu'il ne transmet pas à son interlocuteur un message différent de celui qu'il avait prévu.

Donner un retour d'information peut également réduire la perte de temps, car la personne qui parle ne ressent pas le besoin de répéter son message, afin de s'assurer que la personne qui écoute a compris le message que l'orateur avait l'intention de communiquer. Lorsqu'il donne un retour d'information verbal, un bon auditeur ne doit pas répéter mot pour mot ce que dit l'orateur, mais plutôt reformuler le message communiqué. Il s'agit ici de donner un retour sur les propres mots de l'auditeur. Il est également important pour un bon auditeur de donner un feedback au moment approprié. Le moment approprié dépend du contexte dans lequel se déroule la communication. Il est parfois possible de savoir si le moment est approprié pour donner un feedback en étudiant les indices donnés par l'orateur. Il peut s'agir d'une pause ou d'un regard vers l'auditeur pour lui montrer qu'il est entendu.

Un autre point à prendre en compte lorsque vous donnez un feedback est que la réponse doit porter entièrement sur l'interlocuteur. Un bon auditeur ne s'inclura pas dans le feedback en utilisant, par exemple, des mots qui l'englobent, comme le mot "nous". Lorsque vous utilisez la reformulation pour le feedback, il est préférable que la propriété de la reformulation soit l'auditeur. La règle générale en matière de feedback, bien qu'il faille tenir compte du contexte, est qu'il doit être plus court que le message reçu de l'interlocuteur.

Pour éviter d'être critique dans le contexte du retour d'information, il faut s'efforcer de ne pas laisser son propre système de valeurs et ses préjugés bloquer sa capacité à écouter activement.

Objectif : pour être efficace dans l'écoute, il faut se fixer un objectif pratique. Un objectif d'écoute efficace peut être de ne parler qu'un quart du temps et d'écouter le reste du temps où le processus de communication se déroule. L'utilisation de cet outil doit toutefois être appliquée dans le contexte de la manière et du lieu où se déroule le processus de communication. L'objectif général est de parler moins et d'écouter plus.

Croissance : Une façon de devenir un bon auditeur est de considérer l'écoute comme une opportunité de croissance. Les humains ont eu différentes expériences dans la vie, qui peuvent être une source d'apprentissage si seulement on écoute vraiment. Le fait d'avoir un point de vue de croissance dans le contexte de l'écoute se reflétera même dans votre langage non verbal ou corporel de manière positive. Le point de vue de la croissance peut également donner des informations sur la manière d'aborder les problèmes d'une manière différente. L'écoute peut être une aide dans le parcours de croissance personnelle ou de développement personnel.

Écouter : Pour être un auditeur efficace, il faut toujours se mettre en position d'entendre réellement ce que l'orateur communique. Cela peut signifier régler le volume ou demander à l'orateur d'augmenter le volume de son discours. Cela peut également signifier que l'auditeur doit se débarrasser des distractions ou même se rapprocher de l'endroit où se trouve l'orateur. Si la partie écoute est affectée par quelque chose qui nécessite une attention médicale, il faut chercher de l'aide si possible afin de devenir efficace dans l'écoute.

Interrompez le moins possible : Interrompre une personne pendant qu'elle parle peut la frustrer. Elle finit par avoir le sentiment de ne pas être comprise ou entendue, voire d'être méprisée. Ces sentiments peuvent faire obstacle à une communication efficace. En fonction du contexte, l'interlocuteur peut décider d'arrêter de communiquer. Il peut interpréter l'interruption comme une manifestation d'impolitesse, ce qui peut finir par détruire une relation. Une interruption peut également prendre la forme d'une tentative de prédire verbalement ce que l'autre partie essaie de dire. Cela suppose que l'auditeur peut lire à l'avance les pensées et les sentiments de son interlocuteur.

Une telle attitude peut conduire à une myriade de malentendus. Cela peut également donner l'impression à celui qui parle que l'auditeur est impatient. Les interruptions donnent l'impression d'un concours où deux parties se disputent le droit d'être entendues. Cela n'est pas de bon augure pour l'objectif de construire des relations par l'écoute active. Pour éviter d'être une source d'interruption pour celui qui parle, on peut choisir de :

- S'entraîner à fermer sa bouche pendant l'écoute. Lorsqu'une personne choisit de se concentrer sur la fermeture de sa bouche, elle peut devenir plus apte à écouter.

- Prendre des notes sur ce que l'on considère comme des points importants soulevés par l'orateur. Vous pouvez également noter les points que vous considérez comme importants et qui vous viennent à l'esprit en écoutant la personne qui parle. L'autre partie peut considérer comme un signe de respect le fait que quelqu'un note ce qu'il dit, car cela signifie que c'est important pour l'auditeur. Il convient toutefois de noter que certains orateurs interprètent cette action comme une preuve que l'auditeur est distrait, et peuvent donc la décourager.

- Changer l'endroit où l'on porte son attention. Il s'agit de placer l'attention sur l'aspect de l'écoute par opposition à celui de la parole ou de la réponse, selon le cas. On peut également choisir de se fixer comme objectif de parler moins qu'on ne parle à un moment donné.

Un autre problème lié à l'interruption qui doit être pris en compte est qu'elle peut faire oublier à l'interlocuteur ce dont il parlait au départ. Si l'orateur ne se souvient pas de ce dont il parlait, la conversation, qui aurait pu être utile à l'auditeur, est interrompue prématurément - interrompre quelqu'un pendant qu'il parle peut également être considéré comme une perte de temps. L'interruption peut également conduire à ne pas comprendre pleinement le message que l'orateur cherche à faire passer. Pour ne pas interrompre, il faut croire que l'on n'oubliera pas les questions que l'on voudrait poser au moment opportun.

Réflexion en miroir : Pour être un bon auditeur, il faut s'entraîner à refléter l'orateur. Le reflet doit couvrir les émotions, les gestes et même la posture de l'orateur. La réflexion peut être étendue à la langue utilisée. L'astuce consiste ici à refléter de manière subtile afin que cela ne paraisse pas bizarre ou rébarbatif. S'il n'est pas subtil, le locuteur peut considérer l'auditeur comme celui qui prend son message à la légère. La raison pour laquelle cet outil d'écoute doit être fait subtilement est que son effet fonctionne au niveau du subconscient. Lorsqu'il est bien fait, un lien est créé inconsciemment entre l'orateur et l'auditeur.

Le multitâche : Bien que dans certains milieux, le multitâche soit considéré comme une compétence précieuse, il peut devenir une distraction dans le processus d'apprentissage d'une écoute efficace. En effet, la concentration d'une personne est partagée entre diverses activités ou tâches. Du point de vue de l'auditeur, cela signifie qu'il ne sera pas en mesure d'accorder toute son attention à son interlocuteur, ce qui entraînera une communication inefficace. Selon le contexte, le fait d'être multitâche tout en écoutant peut être considéré comme un désintérêt ou une impolitesse de la part de l'interlocuteur. Moins une personne est multitâche, plus elle se concentre sur l'activité qu'elle poursuit à ce moment-là, même l'écoute.

Notes : Un outil d'écoute qui peut être utilisé en fonction du contexte dans lequel la communication a lieu est l'utilisation de notes. Le fait de noter les idées générales de ce que l'on comprend dans un message peut aider à solidifier la compréhension de ce que l'on communique. Le locuteur peut également interpréter le fait de prendre des notes comme un signe d'intérêt pour sa communication. Dans certains cas, cependant, certains peuvent considérer cela comme une distraction. Le fait d'écrire des notes encourage une personne à être active tout en écoutant. Cela permet également de suivre le flux de la communication diffusée. L'écoute active, telle qu'elle est illustrée par la prise de notes, rend le processus d'écoute productif.

La prise de notes réduit la possibilité d'oublier facilement une information. La prise de notes peut également aider un auditeur à ignorer les distractions présentes dans son environnement. Parmi les distractions que l'écriture de notes peut éliminer, il y a le sentiment de l'auditeur que s'il ne parle pas tout de suite, ce qu'il voulait demander ou dire sera oublié au moment où il sera temps pour lui de parler.

Ne pas proposer de solutions : Lorsqu'on écoute quelqu'un décrire un défi auquel il est confronté, un certain nombre de personnes ressentent le besoin de proposer des solutions. En réalité, beaucoup ne cherchent qu'une oreille attentive. Pour une situation gagnant-gagnant, il est possible d'utiliser la technique de l'écoute, qui consiste à poser des questions pour aider sans proposer de solutions. Proposer des solutions directes peut être perçu comme de l'impatience, car on veut en finir avec la conversation. En posant les bonnes questions, on peut aider l'interlocuteur à trouver ses propres solutions tout en ayant le sentiment d'avoir été entendu, voire compris.

Patience : Pour être un bon auditeur, il faut apprendre à être patient. Cet outil permet de ne pas céder à l'envie d'interrompre et de se concentrer sur la transmission du message. Il ne faut pas oublier que les compétences prennent du temps à se développer. L'outil de la patience aide également à maintenir le cap et à être cohérent dans la pratique de l'écoute. Apprendre à être patient aide également un auditeur efficace à ne pas laisser son esprit être distrait de la communication en cours.

Le pouvoir de la pause : En tant qu'auditeur, il faut attendre que l'orateur fasse une pause pour demander une clarification plutôt que de l'interrompre au milieu de son discours. En agissant ainsi, l'orateur montre qu'on le respecte et qu'on l'écoute. Cela montre également à l'orateur que l'auditeur est intéressé par ce qu'il a à dire. Si une personne n'a rien à dire pendant une pause, l'auditeur ne doit rien dire, même si cela le met mal à l'aise.

Posture : Pour signifier son intérêt, un auditeur doit adopter une posture qui indique qu'il est prêt à écouter le message de l'orateur, une posture qui donne l'impression que l'auditeur est accessible. Il faut veiller à ne pas adopter une posture défensive dans un contexte où l'orateur doit être détendu. La posture est essentiellement la façon dont on s'assoit ou se tient. Lorsque l'on se penche vers l'avant, cela signifie que l'on est intéressé, alors que l'inverse signifie que l'on est désintéressé.

La pratique : Pour améliorer ses capacités d'écoute, il est bon de trouver un moyen de pratiquer régulièrement les outils qui permettent de les améliorer. L'une des façons de pratiquer ses capacités d'écoute est d'écouter les enfants. Plus un enfant est jeune, plus il est susceptible de communiquer par des signaux non verbaux. Pratiquer l'écoute avec des enfants peut aider à aiguiser la capacité à lire entre les lignes ou à bien interpréter les signaux non verbaux. L'avantage de s'exercer avec des enfants est qu'ils sont généralement d'une honnêteté brutale.

Présenter : Pour être un bon auditeur, il faut s'efforcer de ne pas perdre le fil de ce que dit l'orateur. Cela peut être interprété par l'orateur comme un désintérêt et une impolitesse. Dans certains cas, l'orateur peut s'arrêter complètement de parler. L'objectif est d'être pleinement présent. Il est conseillé, si c'est important, de demander à l'orateur du temps pour régler ce qui peut l'empêcher d'être pleinement présent. Une fois la distraction réglée, pour être un bon auditeur, il faut accorder toute son attention à l'orateur.

Le questionnement : Les questions peuvent être utilisées comme un moyen de devenir un meilleur auditeur. L'objectif du questionnement doit être de mieux comprendre la personne qui parle. Il faut éviter de poser des questions qui n'ont aucun rapport avec le sujet sur lequel l'orateur se concentre, car cela dénote un désintérêt pour le sujet qui intéresse l'orateur. Si une personne commet une telle erreur, elle doit alors utiliser des questions qui ramènent l'orateur au sujet qui l'intéressait à l'origine. Le type de questions utilisé déterminera également la qualité de l'écoute.

Pour recueillir davantage d'informations, il est préférable de poser des questions ouvertes. Lorsqu'il cherche des réponses concises, un auditeur peut opter pour des questions fermées, c'est-à-dire des questions auxquelles on peut répondre par oui ou par non ou qui donnent des réponses spécifiques ne permettant pas d'élaborer davantage. Il convient de noter que les questions fermées peuvent donner l'impression que l'auditeur ne s'intéresse pas à ce que l'orateur a à dire. L'auditeur ne doit poser des questions qu'une fois que l'orateur a terminé le point qu'il cherche à faire passer. Lorsque vous posez des questions, il est important de se rappeler que les questions ne doivent pas servir à exprimer des contre-arguments. Les questions qui commencent par le mot "pourquoi" peuvent amener l'orateur à se mettre sur la défensive. Il est préférable de poser des questions qui commencent par les mots "quoi" ou "comment".

Se recentrer : Chaque fois que l'on s'éloigne du message transmis, l'auditeur doit se recentrer mentalement sur ce qui est dit afin d'être un bon auditeur.

Conscience de soi : Pour être un bon auditeur, il faut s'efforcer de travailler sur son niveau de conscience de soi. Dans le contexte d'une écoute efficace, cela peut signifier être conscient du niveau auquel on ressent le besoin de parler. Dans quelle mesure ressent-on le besoin d'être entendu plutôt que de donner aux autres le cadeau d'être entendu ?

Le fait d'être conscient de ses difficultés peut aider à déterminer les domaines sur lesquels il faut travailler en priorité et qui constituent peut-être le facteur limitant dans le cheminement d'une personne vers une écoute efficace. L'essence de la conscience de soi, lorsqu'il s'agit de développer des compétences d'écoute efficaces, est de se concentrer sur l'atténuation du besoin de parler, sauf si l'on apporte une valeur ajoutée au processus de communication.

Montrez votre intérêt : L'utilisation d'indices non verbaux peut servir à signaler à la personne qui parle qu'elle est intéressée par ce que l'autre dit. L'avantage des indices non verbaux est que l'on n'interrompt pas l'orateur. Parmi les exemples de signaux non verbaux applicables, citons le fait de hocher la tête, de sourire et de regarder directement l'interlocuteur. Les signaux non verbaux appropriés dépendent du contexte dans lequel la communication a lieu. À cet égard, il faut être conscient de l'importance de la culture, car certains signes non verbaux ont des significations différentes selon les cultures. Par exemple, regarder un interlocuteur montre de l'intérêt dans certaines cultures, alors que dans d'autres, cela est considéré comme impoli. En écoutant, il faut tenir compte de ces difficultés.

La posture est un indice non verbal important qui a un impact sur l'intérêt que l'on porte à ce que l'on dit ou à ce dont on parle. Vous devez vous assurer que votre posture est ouverte. Cela donne le message d'une invitation à l'interlocuteur à poursuivre la communication. Les commentaires verbaux peuvent également être utiles pour montrer l'intérêt. Les commentaires affirmatifs, par exemple, oui ou bien, peuvent être utilisés. Les questions comme le mot "vraiment" peuvent également être utilisées pour montrer l'intérêt de l'interlocuteur. Les non-mots à l'affirmative peuvent également être utilisés.

Résumer : En tant qu'auditeur, il faut résumer ce que dit l'orateur. Selon le contexte de la communication, cela peut se faire en interne ou en externe, ce dernier cas impliquant l'orateur. Pour les scénarios nécessitant un suivi, le résumé est un outil qui doit être utilisé pour donner des détails sur la marche à suivre en termes d'actions à entreprendre. Le résumé permet également à l'auditeur de mieux comprendre ce que l'orateur a dit, car l'action lui fait répéter le message à lui-même. Il est conseillé, en fonction du contexte dans lequel se déroule la communication, de résumer périodiquement. Cela donne à l'orateur le message que l'auditeur l'écoute toujours.

Le passé : En tant qu'auditeur, on peut utiliser les conversations passées avec un locuteur pour montrer son intérêt et son attention. Lorsque l'on rappelle à un locuteur des conversations passées, celui-ci a l'impression d'intéresser l'auditeur. De plus, le locuteur peut interpréter le fait que l'auditeur se souvienne du passé comme un sentiment d'importance. Le fait de se souvenir de ce que l'on a dit peut également aider l'auditeur à individualiser les détails de sa relation avec son interlocuteur, ce qui peut l'aider à se démarquer dans la mémoire de ce dernier.

La visualisation : Il s'agit de créer une image mentale de ce que l'orateur communique. Elle aide à cimenter le message pour celui qui écoute. Elle permet également de rester concentré sur le message à communiquer. Une façon d'utiliser cet outil avec succès pour être un bon auditeur est de concentrer son esprit sur les mots clés utilisés par l'orateur.

Plus on continue à pratiquer les compétences permettant d'améliorer la façon dont on écoute, plus ces compétences feront partie intégrante de notre personnalité. Au fur et à mesure que la capacité d'écoute devient une partie intégrante de notre nature, nous remarquerons que nos interactions avec les autres sont plus satisfaisantes. Il ne faut pas oublier que l'écoute est un ingrédient clé de la communication. Par conséquent, le fait de s'efforcer de devenir un bon auditeur améliore également les compétences de communication de l'auditeur. L'écoute en tant que compétence améliore également le niveau de compréhension de chacun. L'écoute est un ingrédient clé des compétences de négociation.

Une bonne capacité d'écoute peut également donner une perspective différente des problèmes. Pour devenir un bon auditeur, il faut faire preuve de détermination, car le processus pour y parvenir peut être semé d'embûches. Il faut cependant s'encourager dans cette voie en se rappelant qu'il s'agit d'une habitude, c'est-à-dire qu'elle s'acquiert avec le temps. Il faut considérer que, comme pour toute compétence à apprendre, l'écoute commence dans la tête. Il faut se rappeler que l'écoute est la principale voie par laquelle l'apprentissage se produit. Certaines industries, comme le service à la clientèle, sont construites autour de l'aspect de l'écoute efficace.

Pour être un bon auditeur, il faut s'efforcer d'absorber les informations communiquées.

Lorsqu'une personne devient un auditeur efficace, sa personnalité évolue vers une attitude invitante. L'écoute active consiste à s'assurer que le message reçu par l'auditeur est exact. Les bons auditeurs n'assimilent jamais l'audition à l'écoute active.

3

6 conseils pour l'écoute active

Les conseils présentés dans ce chapitre permettent de développer la capacité d'écoute active. L'écoute active est importante pour renforcer les relations et constitue un moyen d'offrir son soutien à ceux qui lui tendent la main. Parfois, lorsqu'une personne traverse une période difficile, cette compétence peut être essentielle pour l'aider à ne pas se sentir seule. L'écoute active fait partie intégrante des compétences de communication. Il est préférable de se rappeler que le processus d'écoute active s'apprend avec le temps. Les conseils sont les suivants :

Interroger en utilisant des questions ouvertes : Les questions ouvertes sont des questions dont les réponses ne se terminent pas par un oui ou un non. Poser des questions ouvertes amène la personne interrogée à donner plus de détails dans sa réponse qu'un simple oui ou non. Cela permet à une personne de s'ouvrir davantage et de sentir que la personne qui pose la question veut en savoir plus sur son point de vue.

La personne qui répond aux questions peut se sentir détendue et soutenue, selon le contexte dans lequel les questions sont posées. Lorsque l'on pose des questions, l'écoute active exige que l'on se concentre sur la personne qui parle, soit en tant que personne, soit en tant qu'idée ou émotion communiquée.

L'écoute active exige que l'on évite de changer de sujet, de sorte que l'orateur ne soit plus au centre du processus de communication. L'outil de questionnement est utilisé dans l'écoute active dans le but de comprendre et de ne pas interrompre. Cet objectif est valable même si l'auditeur se sent attaqué par son interlocuteur. Ne pas poser de questions peut conduire à des suppositions, qui peuvent à leur tour conduire à des interprétations erronées, qui peuvent ensuite conduire à des malentendus. Les questions ouvertes encouragent les gens à donner des réponses réfléchies. Bien que l'utilisation de questions ouvertes soit un outil efficace d'écoute active, le silence, lorsqu'aucune question à valeur ajoutée n'est disponible, est également puissant. Le silence qui n'est pas comblé par des questions sans valeur ajoutée peut inciter la personne écoutée à donner des précisions sur le sujet abordé. Il ne faut pas non plus chercher à attendre les moments de silence à l'avance pour intervenir. Cela empêcherait une écoute active efficace.

Pour apprécier l'outil que constitue l'utilisation des questions ouvertes dans le processus d'écoute active, il faut considérer les questions en fonction de leur contribution au processus de communication. Pour les organisations, l'utilisation des questions ouvertes peut être un outil efficace qui devient une source de nouvelles idées qu'elles peuvent mettre en œuvre pour rester pertinentes dans leur secteur. Les informations obtenues grâce à cet outil d'écoute active peuvent donner à une organisation l'avantage concurrentiel nécessaire pour rester en tête des autres acteurs du secteur. Les questions ouvertes, si elles sont bien utilisées par un auditeur actif, peuvent aider l'interlocuteur à mettre en lumière ses propres défauts de mentalité sans qu'il ait l'impression d'être critiqué.

Lorsqu'une personne utilise efficacement les questions ouvertes, cela peut avoir un effet sur sa capacité de persuasion et même accroître son réseau social, car elle sera considérée comme une personne agréable. L'avantage des questions ouvertes est qu'elles sont indépendantes du type de personnalité. Lorsqu'elles sont bien posées, les questions ouvertes peuvent également aider les organisations à déterminer, du point de vue des clients, ce qu'ils considèrent comme la seule chose qu'ils peuvent changer pour s'améliorer, ce qui peut les aider à progresser dans la chaîne de valeur dans l'esprit des clients potentiels. Les questions ouvertes qui commencent par les mots "quoi" et/ou "comment" peuvent contribuer à faire tomber les résistances dans le processus de communication, car l'interlocuteur a le sentiment que sa perception des choses a de la valeur pour l'auditeur actif.

Lorsqu'elle utilise l'outil de questionnement ouvert, l'écoute active se concentre sur le fait que l'auditeur est une caisse de résonance plutôt qu'un fournisseur de solutions. L'utilisation de questions ouvertes dans le cadre de l'écoute active permet d'éviter de donner l'impression à l'interlocuteur qu'il a une opinion arrêtée, ce qui constitue un obstacle à une communication efficace. Bien que les questions ouvertes soient des outils essentiels à l'écoute active, il faut veiller à ne pas poser de questions sur des détails inutiles. Cela fait perdre du temps, et l'interlocuteur peut interpréter son interlocuteur comme étant condescendant. Le processus de questionnement doit se concentrer sur les thèmes principaux de la conversation.

Si un orateur communique quelque chose qu'il ne comprend pas, c'est la prérogative de l'auditeur actif de demander des éclaircissements. Il n'est pas conseillé d'ignorer les parties non comprises, car la partie ignorée peut être un lien avec ce que l'orateur communiquera plus tard. Le fait de ne pas demander d'éclaircissements peut, plus tard, donner l'impression que l'auditeur n'est pas intéressé, lorsque l'orateur demande à l'auditeur un retour sur la question soulevée précédemment, que l'auditeur n'a pas comprise et pour laquelle il n'a pas demandé d'éclaircissements. Les questions ouvertes permettent d'écouter activement et non de faire semblant d'écouter. Les questions ouvertes, en tant qu'outil d'écoute active, doivent être utilisées comme un moyen de mieux comprendre les différents problèmes soulevés par l'orateur.

Aussi puissant que soit l'outil des questions ouvertes dans le processus d'écoute active, si l'on n'apprend pas à l'utiliser correctement, la communication restera inefficace. Des facteurs tels que le ton de la voix utilisé et/ou l'attitude lors des questions peuvent affecter l'efficacité de l'outil dans le processus de communication. Il faut avoir une attitude ouverte à l'apprentissage et/ou à l'exploration de nouvelles idées et de nouveaux points de vue. En outre, un auditeur ne doit jamais poser de questions ouvertes pour répondre à une question de l'orateur. Cette action peut être interprétée comme une attitude défensive de l'auditeur. L'objectif global de l'utilisation des questions ouvertes comme outil d'écoute active est d'atteindre l'objectif de compréhension mutuelle.

Les questions ouvertes permettent d'orienter le parcours d'une conversation dans le contexte de la communication. Les questions ouvertes sont, par conséquent, de nature directive. Parce que les questions sont directives par nature, elles peuvent être utilisées pour déterminer l'orientation d'une conversation.

Récapitulation : La récapitulation est un outil qui est mieux utilisé du point de vue de l'orateur. Pour confirmer que l'on a bien compris le message de l'orateur, il est utile de résumer ce que l'on pense que l'orateur veut communiquer. De cette façon, les erreurs de communication sont réduites au minimum, car celui qui parle a la possibilité d'entendre le message reçu du point de vue de celui qui écoute. Si des clarifications sont nécessaires, elles peuvent être apportées sur place. La récapitulation indique également à l'orateur qu'il a été écouté. Il peut également lui donner le sentiment d'être compris. Du côté de l'auditeur, cela peut améliorer sa capacité de concentration. Lors de la récapitulation, il est important de se concentrer sur la vue d'ensemble de ce que l'orateur communique.

Si l'on choisit plutôt de se concentrer sur les détails, l'outil de récapitulation peut devenir un obstacle au processus de communication. La règle générale, qui dépend du contexte, est qu'une récapitulation doit être plus courte que la communication de l'orateur à l'auditeur. Dans un contexte officiel, l'accent doit être mis sur l'idée générale, tandis que dans un contexte social, l'attention doit être portée sur l'émotion générale communiquée. La meilleure façon de récapituler est de reformuler. La reformulation ne consiste pas à répéter mot pour mot la communication de l'orateur, mais à utiliser les propres mots de l'auditeur, qui peuvent inclure des mots-clés utilisés par l'orateur, pour décrire le message qu'il reçoit de la communication transmise par l'orateur.

La récapitulation, qui fait partie des outils d'écoute active, ne doit jamais être condescendante. L'une des façons dont un auditeur peut apparaître comme condescendant est de surutiliser l'outil de récapitulation dans le processus d'écoute active. Pour être un auditeur actif efficace, il faut récapituler par intermittence afin de s'assurer que l'on n'a jamais perdu le fil du message transmis par l'orateur. La récapitulation, en tant qu'outil essentiel à l'écoute active, doit être utilisée après avoir exploré l'outil des questions ouvertes. La récapitulation consiste à partager l'analyse que fait l'auditeur de la communication transmise par l'orateur.

Réfléchissez : Lorsque vous récapitulez, veillez à utiliser une partie des mots ou un mot que l'orateur a utilisé pendant qu'il parlait. Cela donne à l'orateur l'occasion de réfléchir à ce qu'il a dit et peut l'amener à s'étendre davantage sur son message. Cette technique permet à l'orateur de s'ouvrir. Il faut également veiller à ne pas oublier ce que l'orateur a dit, car en récapitulant, l'orateur peut se rendre compte qu'il n'y a pas eu d'écoute active et cesser de communiquer. Le fait d'oublier ce que l'orateur a dit donne l'impression que l'auditeur n'est pas vraiment intéressé par ce qu'il a à dire.

Une façon d'améliorer l'aptitude à la récapitulation est de regarder des interviews et d'apprendre comment cela se fait de manière pratique et efficace. Le but de la réflexion dans le contexte de l'écoute active est de démontrer à l'orateur que l'auditeur a compris le message que l'orateur lui a communiqué.

Préciser : cette technique peut être utilisée lorsque la personne qui écoute cherche à clarifier un point soulevé par l'orateur. Cette technique permet d'éviter de passer sous silence. Lorsque l'orateur clarifie, il a une deuxième occasion d'entendre son propre message répété, ce qui peut lui donner un meilleur aperçu du problème auquel il est confronté.

Encouragez : Lorsque vous écoutez activement, il est important de ne pas donner l'impression d'être critique envers l'orateur. Bien qu'il soit bon d'encourager, il faut éviter de remplir les périodes de silence avec des mots. Les moments de silence sont importants pour aider la personne qui parle à réfléchir à ce qu'elle ressent. Ils permettent également à l'orateur de réfléchir à ses prochains mots. Un auditeur actif peut encourager son interlocuteur par des signaux non verbaux. Les expressions faciales et les gestes sont quelques-uns des indices non verbaux qui peuvent être utilisés pour encourager un orateur. Les expressions faciales, dans le contexte de l'écoute active, peuvent être considérées comme le reflet des pensées et des sentiments d'une personne. Il convient donc d'être attentif au type de message qu'il transmet à travers ses expressions faciales. Un sourire associé à un contact visuel est un exemple d'expressions faciales et de gestes qui signifient un encouragement. Un moyen pour l'auditeur de s'assurer que les indices non verbaux qu'il utilise sont adaptés au contexte dans lequel la communication a lieu est de refléter le type de gestes et d'expressions que l'orateur utilise.

Pour être un auditeur actif, il faut être capable d'encourager son interlocuteur, même si la communication se déroule dans des lieux différents, par exemple s'il s'agit d'une conversation téléphonique.

Une personne compétente en matière d'écoute active est capable d'utiliser cet outil pour gagner le temps qu'elle aurait passé à essayer d'obtenir des informations par d'autres moyens. Lorsque l'on encourage un interlocuteur dans le cadre de l'écoute active, il est essentiel de mettre un terme à son propre dialogue mental, car cela peut constituer une distraction par rapport à l'objectif d'une communication efficace. Il ne faut pas non plus remuer la tête, car cela est synonyme de distraction. Pour être en mesure de bien utiliser l'outil d'encouragement dans l'écoute active, il faut d'abord décider mentalement que l'on est là pour écouter.

Des indices directs peuvent être utilisés pour encourager un interlocuteur, en tenant compte du contexte dans lequel la communication a lieu. Lorsqu'il utilise des indices verbaux pour encourager un locuteur, l'auditeur doit veiller à ne pas trop encourager, ce qui peut finir par distraire le locuteur. Si la fréquence des signaux verbaux est trop élevée, l'interlocuteur risque d'être irrité, car cela peut sembler être un moyen de le traiter avec condescendance. Pour gérer la fréquence, l'auditeur peut plutôt choisir de donner les raisons de son accord avec l'orateur, tout en veillant à ne pas détourner l'attention de la conversation de l'orateur.

En ce qui concerne l'utilisation de l'outil d'encouragement dans le contexte de l'écoute active, il ne faut pas abandonner le processus d'écoute active dès le début. Parfois, la persévérance est payante pour parvenir à une communication efficace. Mais il est également important de savoir quand il faut laisser tomber le processus. La persistance peut être interprétée par le locuteur comme un signe que l'auditeur s'intéresse vraiment à son point de vue et peut être un moyen d'instaurer la confiance entre les partenaires du dialogue. La persistance peut donner à l'interlocuteur le sentiment d'être accepté sans jugement et d'avoir suffisamment de valeur pour mériter d'être défendu.

L'encouragement en tant qu'outil d'écoute active peut s'avérer efficace pour communiquer avec quelqu'un sur des sujets qu'il peut trouver difficile de partager, ou avec une personne timide.

Réagir : Bien qu'il puisse sembler utile de ne pas montrer d'émotion en écoutant, cela peut apparaître à l'interlocuteur comme un désintérêt. Une expression vide, par contre, peut communiquer à l'interlocuteur le message d'être critiqué. Répondre à l'interlocuteur lui montre qu'il est reconnu et qu'on se soucie de lui. Le fait de montrer une réaction peut également indiquer à l'interlocuteur qu'il est compris. Il est important pour un auditeur de donner un retour à celui qui parle. Le retour d'information doit être de préférence de nature positive. Il peut être verbal ou non verbal. En ce qui concerne le feedback verbal, l'écoute active exige qu'il soit caractérisé par un minimum de mots. Les mots sont destinés à encourager, et non à interrompre.

Une raison pour laquelle un auditeur actif cherche à éviter les interruptions est que, s'il fait preuve de patience, il peut s'apercevoir que ce qu'il voulait dire, ou le point de vue qu'il voulait partager, est ensuite évoqué par son interlocuteur. De plus, le fait de ne pas interrompre pour utiliser l'outil de réponse de l'écoute active peut donner l'impression que l'auditeur est ouvert aux nouvelles idées. Cette image peut s'avérer essentielle pour résoudre les problèmes, en particulier lorsque la communication se déroule dans un contexte de conflit. Interrompre un interlocuteur pendant qu'il communique, selon le contexte dans lequel cela se produit et/ou les mots utilisés, peut donner l'impression que l'auditeur est abrasif. L'auditeur peut également perdre le respect que son interlocuteur lui porte car ce dernier peut interpréter l'interruption comme un signe d'immaturité. Cette perception de l'interlocuteur peut conduire à une rupture de la communication. Il est important, lorsque vous répondez, en particulier dans le contexte professionnel, de faire savoir à votre interlocuteur, le cas échéant, ce qui sera fait pour donner suite à la communication. Dans les contextes sociaux, le suivi peut prendre la forme d'un retour sur le sujet abordé précédemment, avec la personne en question, la prochaine fois que l'on la croise. Le suivi peut également se faire par e-mail, par les médias sociaux ou même par SMS.

Si, en communiquant avec la personne qui parle, on a le sentiment qu'elle est en danger imminent, par exemple si elle envisage de se suicider, il est important de demander de l'aide de toute urgence. Dans de tels scénarios, il est crucial que l'auditeur reste en contact et accompagne même son interlocuteur jusqu'au lieu où il doit être aidé. Les auditeurs actifs sont conscients du pouvoir de la posture en termes de message qu'elle transmet à l'interlocuteur et de la manière dont elle peut être utilisée pour signifier une réponse. Pour paraître accessible, un auditeur actif doit choisir une posture ouverte. Pour montrer qu'il écoute activement, il peut choisir de se pencher en avant. Adopter la bonne posture permet à un auditeur actif de signaler à son cerveau qu'il doit se concentrer sur son interlocuteur. Une posture qui témoigne de l'écoute est celle où l'auditeur dirige son corps vers l'orateur - le contraire témoigne d'un désintérêt ou d'un manque d'écoute attentive.

Poser la tête sur la main peut également être interprété par l'orateur comme une écoute active. On dit qu'un grand pourcentage de la communication est de nature non verbale. L'écoute active exige que l'auditeur indique, par des indices, l'attention qu'il porte à son interlocuteur, en fonction du contexte. L'écoute active exige que l'on soit entièrement concentré sur le processus d'écoute. Pour éviter d'être distrait, notamment par des critiques mentales, un auditeur actif doit s'efforcer de se concentrer sur le message transmis plutôt que sur l'orateur. Il convient de noter que les critiques mentales proviennent du conflit entre les croyances et les valeurs de chacun et les idées que l'on pense que l'orateur essaie de faire passer. Toute envie de mener d'autres activités en même temps que l'écoute doit être évitée. Le multitâche et l'écoute active sont incompatibles.

Parmi les indices que l'écoute active utilise, citons le hochement de tête, le sourire, le contact visuel et le fait de faire face à l'orateur. Il convient toutefois de noter que le sourire peut indiquer que l'interlocuteur est d'accord, et qu'il ne doit donc être utilisé que si l'on est d'accord avec le message communiqué par l'interlocuteur ou si l'on en est satisfait. Lorsqu'il est associé à un hochement de tête, il signifie la compréhension et l'écoute. Le sourire et le contact visuel peuvent indiquer un encouragement. En ce qui concerne le contact visuel, l'objectif de l'auditeur doit être de maintenir à tout moment un contact qui soit confortable à la fois pour l'auditeur et pour l'orateur, en tenant compte du contexte dans lequel la communication a lieu. Pour être un auditeur actif efficace, il faut utiliser des indices adaptés à la situation. Ce qui peut avoir du sens dans une situation peut ne pas être approprié dans une autre. Les auditeurs actifs peuvent lire les indices même lorsque l'orateur n'est pas physiquement présent. Ils peuvent le faire en écoutant, par exemple, le ton de la voix lors d'une conversation téléphonique. Bien que l'écoute active exige une réponse, il est important de ne pas interrompre l'orateur. Interrompre un orateur peut être considéré comme une tentative de polyvalence, ce qui nuit à une communication efficace. En effet, l'interruption ne permet pas d'obtenir l'intégralité du message souhaité par l'orateur. Il faut attendre le moment opportun pour répondre, par exemple lorsque l'orateur fait une pause ou lorsqu'il attend une réponse de son interlocuteur.

À l'ère de la technologie, n'oubliez pas que les interruptions peuvent être dues à des gadgets que nous utilisons fréquemment, comme la sonnerie du téléphone ou la consultation des e-mails.

Répondre peut également signifier demander un report du moment où la communication peut avoir lieu, à un moment où l'on peut écouter activement. Être réactif peut également signifier que l'auditeur actif choisit un environnement propice à une écoute efficace pour que la communication ait lieu. En ce qui concerne l'écoute active, il ne faut pas confondre répondre et réagir. Être réactif signifie également qu'un auditeur actif s'assure qu'il est capable d'entendre ce que dit son interlocuteur. S'il n'est pas en mesure de le faire, il peut soulever la question ou régler le volume, des actions qui dépendent du contexte du processus de communication.

Demander une clarification dans un tel contexte fait partie de l'écoute active.

Être réactif devrait également impliquer d'être patient. Pour utiliser efficacement l'outil de réponse dans l'écoute active, il faut considérer le processus d'écoute comme une occasion d'apprendre et de se développer. La réponse en tant qu'outil d'écoute active ne doit pas impliquer de donner des conseils ou des solutions à l'interlocuteur. Il s'agit plutôt d'aider l'interlocuteur à trouver ses propres solutions. Il ne faut pas céder à l'envie de partager une comparaison sur la façon dont on a géré un problème similaire. En ce qui concerne la réponse, l'écoute active exige que l'on incorpore le miroir. Il s'agit de refléter subtilement les signaux non verbaux de l'interlocuteur. Cela crée un lien subconscient entre l'orateur et l'auditeur actif.

La réponse du point de vue d'un auditeur actif est toujours empathique. Lorsque l'on répond pendant l'écoute active, il faut veiller à ne pas donner l'impression à l'interlocuteur qu'il est pressé, car cela pourrait l'amener à se retenir, ce qui rendrait la communication inefficace. Lorsque l'on répond, il faut s'efforcer d'égaler le niveau d'énergie que l'orateur manifeste dans sa communication. Cela permet à l'auditeur d'être en phase émotionnelle avec l'orateur. La démonstration de niveaux d'énergie similaires permet également de gagner du temps, car l'orateur ne ressent pas le besoin de répéter son message. Les exemples qui démontrent des niveaux d'énergie incluent le fait de montrer de l'excitation lorsque l'orateur annonce une bonne nouvelle. Lorsque vous répondez, il est important, dans le cadre de l'écoute active, de répondre au niveau de compréhension de votre interlocuteur. Cela permet de ne pas paraître condescendant envers l'orateur et de lui donner le sentiment d'avoir été compris.

Une façon pour un auditeur de montrer qu'il a répondu à son interlocuteur, en fonction du contexte dans lequel le processus de communication se déroule, est de prendre des notes. Bien que l'on puisse avoir envie de planifier une réponse à l'orateur pendant qu'il parle, il est préférable de planifier la réponse après qu'il ait fini de parler. Il ne faut pas se laisser aller à penser qu'on ne veut pas être pris au dépourvu. En effet, si l'orateur ne termine pas sa communication, par exemple un point, l'auditeur présume qu'il a dit tout ce qu'il y avait à dire et peut se retrouver totalement à l'écart de ce que l'orateur voulait communiquer.

Être réactif peut également signifier être conscient que l'interlocuteur n'a pas envie de parler et avoir la capacité de laisser la conversation se poursuivre jusqu'au moment opportun. Il faut également être capable de savoir, grâce aux indices que donne l'interlocuteur, quand il a terminé de communiquer.

Il est également important de noter que toutes les communications de l'orateur ne nécessitent pas une réponse. Un auditeur doit également savoir que le fait de répondre ne signifie pas automatiquement que l'orateur choisira de s'aligner sur le point de vue de l'auditeur. L'auditeur doit veiller à ne pas se sentir offensé si ses idées ou solutions sont rejetées, mais doit plutôt considérer la réponse comme faisant partie du processus de communication.

L'orateur peut considérer les réponses des auditeurs comme inappropriées à la situation à laquelle il est confronté. L'auditeur doit également être conscient du fait qu'il peut arriver que, quelle que soit la manière dont il utilise l'outil de réponse, dans le contexte de l'écoute active, aucune solution ne soit trouvée, et que la solution peut être trouvée plus tard par l'orateur, hors du contexte de la conversation en cours. Si un tel scénario se produit, l'auditeur doit se reposer sur la possibilité que le processus d'écoute active initié par l'auditeur ait contribué de manière positive à la solution trouvée par la suite.

Toujours en ce qui concerne l'outil de réponse, l'auditeur doit se rappeler qu'il n'a pas le droit d'exiger que l'orateur partage avec lui la solution à laquelle il est parvenu, pendant ou après le processus d'écoute active. Lorsqu'un auditeur actif répond, il doit le faire de manière détendue afin de ne pas se montrer gênant, ce qui pourrait mettre l'interlocuteur mal à l'aise et entraîner une communication inefficace. Lorsqu'il répond, un auditeur actif peut utiliser la visualisation comme moyen de maintenir l'attention sur l'orateur. Pour être efficace dans l'écoute active, il faut prendre note des mots ou des phrases utilisés de manière répétée par l'orateur, car ils peuvent donner une indication des émotions sous-jacentes qu'il traite ou ressent.

Un moyen pour un auditeur actif de bien répondre à son interlocuteur est de s'entraîner à ralentir son niveau de pensée pour l'adapter à la vitesse de communication de son interlocuteur. Cela permet d'atténuer l'envie d'interrompre l'orateur. Chaque fois que l'on ressent l'envie de répondre au mauvais moment, il faut y voir le signe que l'on n'écoute pas activement. Pour que l'écoute active soit efficace, en particulier dans le contexte de l'utilisation de l'outil de réponse, il faut chercher à élargir ses connaissances sur des sujets variés, afin d'être en mesure de répondre de manière pertinente si nécessaire. Une bonne connaissance du sujet abordé par l'orateur peut également aider un auditeur actif à répondre patiemment. Comprendre le contexte dans lequel se déroule la communication aidera un auditeur actif à répondre de manière appropriée.

Il faut toujours essayer de ne pas s'engager dans l'écoute active lorsqu'on est surmené et/ou stressé, car on risque de ne pas être dans la meilleure position mentale pour répondre activement. De plus, lorsqu'une personne ne répond pas efficacement, elle perd essentiellement du temps, une ressource qui ne peut jamais être récupérée. Une réponse efficace de la part d'un auditeur actif peut donner à l'interlocuteur le sentiment d'être soutenu. La réponse en tant qu'outil d'écoute active exige que l'auditeur soit honnête. Cela peut être illustré par une demande de clarification au cas où l'auditeur serait distrait et ne comprendrait pas le point soulevé par l'orateur.

Pour que l'outil de réponse contribue à l'écoute active, l'auditeur, même lorsqu'il est confronté à des conversations difficiles, doit s'efforcer de répondre d'une manière qui conduise à un résultat gagnant-gagnant de la conversation. Un auditeur actif doit éviter de répondre par la justification, car cela tend à empêcher l'interlocuteur de trouver ses propres solutions. Pour utiliser efficacement l'outil de réponse dans l'écoute active, il faut se rappeler qu'un interlocuteur qui a un point de vue différent du sien sur une question ne signifie pas nécessairement que son point de vue est erroné ; cela peut simplement signifier qu'il existe différents points de vue sur une question.

Pour être un auditeur actif efficace, il faut, avant de répondre, déterminer si l'orateur cherche à se faire entendre ou s'il cherche des solutions. Cela donne une indication sur la direction dans laquelle l'outil de réponse de l'écoute active doit être utilisé. Lorsque l'on utilise l'outil de réponse de l'écoute active, si l'on doit choisir entre écouter les mots et/ou les émotions, il est préférable de choisir ces dernières, car la compréhension de ces dernières nous permettra de comprendre les mots dans la plupart des cas. L'avantage d'une réponse efficace en tant qu'outil d'écoute active est que l'auditeur a la possibilité de changer sa façon de répondre au fur et à mesure que la conversation se poursuit, en fonction des nouvelles informations qu'il peut obtenir de l'orateur au fil du temps.

Lorsque vous vous concentrez sur le développement des compétences d'écoute, n'oubliez pas que parler davantage n'est pas nécessairement synonyme de meilleure communication. Cela peut même constituer un obstacle à une communication efficace. La règle d'or ici est de chercher à écouter plus qu'à parler. L'objectif de devenir un auditeur actif permet de communiquer efficacement. L'aptitude à l'écoute active est considérée comme un élément important pour devenir un leader efficace. Dans certains secteurs comme la vente et le service à la clientèle, l'écoute active peut faire la différence entre le succès et l'échec. Pour utiliser efficacement les conseils donnés pour devenir un auditeur actif, il faut avoir une bonne conscience de soi.

La conscience de soi permet à chacun d'avoir une vision honnête de l'état d'avancement de sa démarche pour devenir un auditeur actif. Cela aide à prendre note des défis que l'on doit relever au cours de ce voyage. Cela permet de savoir sur quoi travailler pour améliorer ses compétences en matière d'écoute active. Pour les organisations, l'intégration de ces conseils peut aider à recruter le bon membre d'équipe. L'avantage de ces conseils est qu'ils fonctionnent en parallèle. Si vous pratiquez l'écoute active, vous serez probablement mieux écouté. L'écoute active repose sur le principe de faire passer les autres avant soi-même. Il s'agit d'une compétence qui exige des sacrifices.

En ce qui concerne l'écoute active, l'auditeur ne doit jamais oublier le nom de son interlocuteur. L'oubli du nom de l'orateur peut donner l'impression à ce dernier que l'auditeur lui manque de respect ou qu'il ne lui accorde aucune valeur. Pour que l'écoute active soit efficace, il faut être suffisamment conscient de soi pour savoir si l'on est dans le bon état d'esprit pour faire passer les besoins de communication d'une autre personne avant les siens. Tout comme il est important de savoir quand on a le bon état d'esprit pour l'écoute active, on doit aussi être capable de dire quand on n'a pas le bon état d'esprit pour être un auditeur actif efficace.

Pour améliorer sa capacité d'écoute active, une personne peut décider de pratiquer cette compétence au sein de son réseau social immédiat. Cela peut donner à l'auditeur actif l'occasion d'obtenir un retour sur l'amélioration ou non de son niveau de compétence. Afin de ne pas abandonner le processus d'apprentissage de l'écoute active, il faut se rappeler que les premières étapes de la pratique de cette compétence peuvent donner l'impression d'être déplacées, comme si l'on n'était pas authentique. Il faut continuer à repousser ses limites jusqu'à ce que cette compétence fasse partie intégrante de sa personnalité. Pour ne pas se sentir mal à l'aise, il faut se rappeler que, même si l'auditeur actif peut avoir l'impression d'être inauthentique, l'interlocuteur, lui, n'est peut-être pas au courant du processus de pensée de celui qui pratique l'écoute active.

Pour être un auditeur actif efficace, il faut toujours se rappeler d'utiliser le contexte comme facteur global qui détermine l'outil approprié pour les divers processus de communication dans lesquels il peut être impliqué.

4

Améliorez vos capacités
d'écoute grâce à l'écoute active

Une façon d'améliorer les compétences d'écoute est de considérer l'écoute comme une occasion de recueillir des informations de diverses sources et même d'apprendre quelque chose de nouveau dans certains cas.

Il faut également être capable de retenir ce qui a été communiqué, dont le pourcentage peut indiquer dans quelle mesure on est capable de devenir un auditeur actif. L'amélioration des capacités d'écoute par l'écoute active doit être considérée comme un moyen de développement personnel.

Il faut considérer la communication comme une voie à double sens. Pour mieux écouter, il faut s'entraîner à ne pas s'éloigner des sujets abordés par l'orateur. Il ne faut pas non plus se concentrer sur la façon dont on va répondre à ce qui est communiqué, car cela détourne l'attention de l'écoute vers la façon dont on va répondre dans le futur. Il faut se rappeler que l'écoute active implique un choix conscient d'écouter dans le but de saisir l'intégralité du message communiqué.

Les personnes occupant des postes de direction feraient bien d'améliorer leurs capacités d'écoute, car elles sont susceptibles d'être distraites par les diverses tâches qu'on attend d'elles à tout moment. Améliorer sa capacité d'écoute en tant que dirigeant l'aidera à rompre avec le sentiment d'isolement que l'on décrit parfois comme faisant partie intégrante de la fonction de direction. L'écoute active peut également aider les personnes occupant des postes de direction à résoudre les problèmes qui peuvent survenir dans les divers scénarios auxquels elles sont confrontées.

L'écoute active peut être réalisée d'une multitude de façons, notamment :

Prêter attention : Aussi évident que cela puisse paraître, l'attention est essentielle pour améliorer la capacité d'écoute active. Pour que l'outil de l'attention soit efficace dans l'écoute active, l'auditeur actif doit préparer son esprit à l'avance. La préparation peut consister à lire sur un sujet afin d'avoir une meilleure chance de comprendre le sujet de la communication, par exemple le vocabulaire utilisé dans certains secteurs. Cela permet à un auditeur actif de suivre les principaux thèmes du sujet plus facilement que de passer du temps à essayer de comprendre la signification de certains mots utilisés par l'orateur. En outre, la préparation aidera également à rapprocher ou à égaliser le niveau de compréhension de l'auditeur actif de celui de l'orateur, ce qui facilitera une communication efficace. Il faut également comprendre la différence entre l'écoute et l'audition, cette dernière étant définie comme la capacité d'une personne à percevoir les sons.

Cet outil d'amélioration des capacités d'écoute exige qu'il soit utilisé dans un but précis. Les objectifs peuvent être variés, par exemple, aider une personne à se débarrasser de l'habitude négative de la procrastination en l'obligeant à prêter attention aux problèmes lorsqu'ils se présentent dans le contexte de l'écoute active. L'attention peut également être un moyen d'offrir une opportunité à l'orateur.

L'attention peut être obtenue, par exemple, en regardant la personne qui parle. Dans ce cas, il convient de prendre en considération les implications de ce geste dans les contextes culturels, car certaines cultures considèrent que regarder quelqu'un directement est un signe d'impolitesse. Le cas échéant, il convient de faire face à l'interlocuteur afin d'améliorer ses capacités d'écoute active.

Il faut essayer d'ignorer les distractions qui peuvent survenir dans son environnement afin de se concentrer pleinement sur l'orateur. Il faut également se concentrer sur les thèmes soulevés par l'orateur, car une analyse excessive des détails du message peut finir par devenir une source de distraction. La capacité à saisir les thèmes principaux d'un processus de communication peut être qualifiée de filtrage. Un auditeur actif compétent est capable de filtrer en comprenant d'abord la raison derrière le sujet de la communication, car cela donne généralement une idée de ce qui est important dans la conversation. La raison qui se cache derrière le sujet du processus de communication peut être examinée soit du point de vue de l'auditeur actif, soit de celui de son interlocuteur. Les thèmes généraux ainsi filtrés constituent la lentille à travers laquelle un auditeur actif et efficace aborde toutes les parties de la communication. En abordant la communication de cette manière, on garde toujours à l'esprit le contexte dans lequel la communication a lieu, ce qui est important car cela détermine la perception du message communiqué. Une fois le processus de filtrage effectué, la synthèse de l'information par le locuteur actif entre en jeu. Le processus de synthèse conduira alors automatiquement un auditeur actif à la visualisation. Il faut faire tout ce qui est en son pouvoir pour se débarrasser des distractions, qu'elles soient internes ou externes. Pour se débarrasser des distractions internes, il faut notamment être conscient de soi. Dans le contexte de l'écoute active, la conscience de soi consiste à être conscient de ses sentiments et de ses émotions et de la raison qui les sous-tend. En outre, un auditeur actif doit se soumettre à un processus d'auto-analyse pour déterminer ce qui constitue habituellement une source de distraction pour lui, puis s'efforcer de faire en sorte que ces éléments ne constituent plus une distraction dans le processus de communication dans lequel il est impliqué à un moment donné. Ainsi, par exemple, si une personne remarque que ce sont généralement les appels téléphoniques qui constituent une source de distraction dans le contexte dans lequel elle se trouve, elle peut choisir de mettre son téléphone en mode silencieux ou, si cela est nécessaire, de l'éteindre pour que le processus de communication efficace puisse avoir lieu grâce à l'écoute active. Les distractions internes peuvent aussi parfois être désignées comme un type psychologique de distraction ou de bruit. Les distractions internes peuvent consister à se concentrer sur le sexe de l'interlocuteur, sa race ou même la couleur de sa peau. On peut même avoir des préjugés à l'égard de quelqu'un sur la base de ce qu'il fait dans la vie. Dans la plupart des cas, se concentrer sur de telles distractions n'ajoute aucune valeur au processus de communication. Les manières d'un orateur peuvent aussi devenir une distraction pour le processus d'écoute active efficace si l'on choisit de se concentrer sur elles au lieu de se concentrer sur la valeur du message communiqué. De telles distractions affectent généralement le processus de communication efficace en amenant l'auditeur à voir l'orateur à travers un prisme émotionnel. Il s'agit aussi, si possible, d'avoir une communication dans un environnement propice aux deux parties.

L'attention portée à l'écoute active doit faire preuve d'empathie, ce qui consiste à se mettre mentalement dans la situation d'une autre personne. Cela peut aider à établir un lien émotionnel entre l'auditeur et l'interlocuteur.

L'attention peut être portée à la fois verbalement et non verbalement, ce dernier point incluant l'utilisation du langage corporel. Il faut se rappeler que le langage corporel a le pouvoir de déterminer le niveau d'attention que l'on peut accorder à un orateur.

Pour maintenir son attention sur l'orateur, on peut s'efforcer de respirer lentement et profondément. Cette technique de respiration peut également aider l'orateur à rester calme, en particulier si le contexte de la communication est susceptible de créer un climat d'appréhension.

La visualisation est un outil que l'on peut utiliser pour être attentif lorsqu'on écoute activement.

Il faut également s'efforcer de rester neutre mentalement, car le contraire conduirait à devenir critique, ce qui diminuerait le niveau d'attention envers l'orateur. Un auditeur actif doit veiller à ne pas critiquer même les signes non verbaux qu'il perçoit chez son interlocuteur, car cela peut également conduire à une rupture de communication inefficace. L'objectif de l'auditeur actif dans un tel scénario est de reconnaître son existence ou son occurrence.

Pour améliorer ses compétences en matière d'écoute active dans le contexte de l'attention, on peut incorporer l'outil de l'écriture miroir, qui consiste à montrer subtilement les mêmes indices non verbaux que ceux montrés par l'orateur - à un niveau subconscient, l'écriture miroir permet de cimenter le lien entre l'orateur et l'auditeur, car l'orateur ne se sentira pas jugé. Il faut toutefois veiller à ne pas montrer un miroir qui ne correspond pas à son point de vue sur ce que dit l'orateur.

La clé des signaux non verbaux dans le contexte de l'atten-tion est de trouver le bon équilibre entre le confort et l'intérêt. L'auditeur actif ne doit pas mettre ses sentiments, même d'an-xiété, au premier plan, car cela pourrait modifier de manière négative l'environnement dans lequel la communication a lieu. Une façon pour un auditeur actif d'éviter de se focaliser sur ses propres émotions négatives est de changer son état d'esprit en sachant que son rôle dans le processus de communication n'est pas un rôle de performance. En changeant son processus de pensée de cette manière, on diminue le sentiment de devoir répondre aux attentes.

Si l'on cherche à faire passer l'interlocuteur d'un point à un autre, on peut utiliser l'outil de la synthèse pour cette action.

Pour améliorer ses capacités d'écoute, il faut également adopter l'état d'esprit du sacrifice. Cela signifie que l'auditeur ne doit pas considérer l'activité d'écoute active comme une activité qui le rend inférieur à celui qu'il écoute. Cela peut sembler gênant selon la dynamique sociale, mais il s'agit d'un changement d'état d'esprit important qui doit se produire si l'on est vraiment déterminé à améliorer ses compétences en matière d'écoute active. Un véritable auditeur actif fait preuve d'humilité.

Pour qu'un auditeur soit un auditeur actif efficace, il doit envisager de créer un environnement propice à la communication. Les préparatifs à effectuer dans ce contexte sont de nature physique et mentale. Les préparatifs pour une communication efficace doivent être faits à l'avance, si possible. La préparation peut consister à dresser une liste des questions sur lesquelles on a besoin de plus d'informations. La préparation à l'avance peut aider un auditeur actif à rester continuellement concentré sur son interlocuteur.

Pour être un auditeur actif efficace, il peut être nécessaire de demander à l'interlocuteur de ralentir le rythme de sa communication, en fonction du média par lequel la conversation se déroule. Cela permet de s'assurer qu'il est capable de suivre le rythme de l'orateur et du message qu'il transmet. Si la communication se fait, par exemple, par le biais de médias numériques, on peut choisir de ralentir la vitesse à laquelle elle se déroule.

Le temps est un facteur qui doit être pris en compte en fonction de son effet sur la capacité d'écoute active. Les communications ne doivent pas durer si longtemps que l'on ait du mal à rester concentré sur l'orateur, mais doivent être adaptées à la capacité d'attention optimale de chacun en ce qui concerne la communication.

Par exemple, les enfants ont une capacité d'attention plus courte que les adultes et peuvent avoir du mal à rester attentifs pendant de longues périodes. Dans certains cas, si un interlocuteur converse également pendant trop longtemps, il peut perdre le fil du sujet d'intérêt initial.

Un auditeur actif compétent est capable d'utiliser l'outil de l'attention pour encourager l'orateur, ce qui permet d'améliorer la qualité de la communication.

Utilisez des indices : Les indices non verbaux et verbaux peuvent être utilisés pour réaliser une écoute active. Les indices signalent à l'interlocuteur qu'il a toute son attention. Les auditeurs actifs qui sont compétents sont capables de comprendre les signaux de l'orateur et de savoir ce qui est important pour lui. Les indices non verbaux sont parfois appelés sous-textes. La lecture des indices non verbaux de l'orateur permet également de savoir si l'on a établi une connexion avec l'orateur ou si l'on doit continuer à travailler sur cette connexion. Les indices non verbaux qui peuvent être utilisés pour améliorer les compétences d'écoute dans le contexte de l'écoute active comprennent le hochement de tête, qui peut signifier la compréhension du message de la part de l'auditeur, et/ou l'accord, selon le contexte dans lequel la communication a lieu. Un sourire peut également avoir le même effet qu'un hochement de tête, avec la signification supplémentaire d'afficher la joie. Un hochement de tête peut également signifier que l'auditeur traite mentalement les informations partagées par l'orateur. Le sourire est un indice non verbal qui peut être utile lorsque la communication se déroule dans un contexte tendu, car il peut contribuer à atténuer la tension. Un sourire peut signifier, selon le contexte, que l'auditeur n'est pas sur la défensive. L'indice non verbal que constitue le contact visuel peut, selon le contexte, signifier un encouragement. Le maintien du contact visuel, en plus de donner une image positive de l'auditeur, selon le contexte dans lequel l'écoute active a lieu, peut être un moyen d'écouter attentivement. Se pencher en avant est un exemple d'indice non verbal qui peut signifier l'attention portée à l'orateur, qui peut également être signifié en pointant ou en dirigeant son corps vers celui de l'orateur, selon le contexte dans lequel la communication a lieu. La posture est un autre indice non verbal qui joue un rôle important dans le processus d'écoute active. Les mouvements des yeux sont classés parmi les indices non verbaux, et les auditeurs expérimentés sont capables de déceler les émotions d'un interlocuteur en observant ses yeux. D'autres indices non verbaux auxquels les auditeurs actifs peuvent être attentifs sont le volume et la hauteur de la voix de l'orateur, car des changements dans ces paramètres peuvent modifier le sens du message qu'il a l'intention de communiquer. Les indices non verbaux peuvent être notés en observant et en écoutant l'orateur. Pour améliorer sa capacité d'écoute, il faut toujours noter les conflits entre les indices verbaux et non verbaux, car cela peut indiquer que l'orateur est émotif. Les indices non verbaux peuvent donner à un auditeur actif un aperçu des traits de personnalité de l'orateur.

L'effet culturel et contextuel qui affecte les indices doit toujours être pris en considération afin d'améliorer les compétences en matière d'écoute active. En effet, ces deux facteurs peuvent complètement changer la signification et la pertinence de l'utilisation des indices à un moment donné.

Il convient de noter que les indices fonctionnent dans les deux sens, en ce sens qu'ils dépeignent un message sous-jacent tant du point de vue de l'orateur que de celui de l'auditeur. Pour améliorer ses compétences en matière d'écoute active, il faut s'efforcer de comprendre la signification des divers indices qui apparaissent dans un processus de communication, en tenant compte de la façon dont le contexte affecte l'interprétation de ces indices.

Pour être en mesure de comprendre les indices comme moyen d'améliorer les compétences d'écoute, il faut continuellement les pratiquer. Les indices peuvent également être un moyen pour un auditeur actif de montrer à son interlocuteur qu'il est capable de traiter les informations qu'il partage.

Il est essentiel de comprendre les signaux et leur signification dans le contexte pour, par exemple, résoudre les conflits.

Les indices sont une manière subtile de participer à la communication sans l'effet négatif de l'interruption.

Les signaux doivent provenir d'un lieu d'empathie, car cela peut être un moyen pour un auditeur actif d'obtenir la confiance de son interlocuteur.

Lorsqu'il utilise des indices pour être efficace dans l'écoute active, un auditeur doit s'efforcer de ne pas se mettre sur la défensive, car cela pourrait frustrer l'orateur ou lui montrer le manque de coopération de l'auditeur.

Les indices verbaux, en tant qu'outil d'écoute active, deviennent plus cruciaux lorsque les personnes qui communiquent ne peuvent pas se voir, par exemple dans les scénarios où la communication se fait par courriel ou par téléphone. Bien que les indices non verbaux aient leur place, leur utilisation excessive, par exemple par la répétition continue des mêmes mots, peut devenir une source de distraction et d'interruption, ce qu'un auditeur actif voudrait éviter. L'interlocuteur peut également percevoir la répétition continue de la réponse verbale comme un signe de désintérêt de l'auditeur pour la conversation, ce qui peut conduire à une rupture de la communication efficace.

Réactions : Lorsque l'on répond à ce que l'orateur communique, cela renforce le processus d'écoute active. La réponse à l'orateur doit toujours être faite dans le respect, même si elle n'est pas en accord avec le point de vue de l'orateur.

Le feedback peut aider à demander des éclaircissements sur des points que l'auditeur n'a pas bien compris. Les éclaircissements reçus de cette manière peuvent permettre à l'auditeur de comprendre l'état d'esprit de son interlocuteur. Elles peuvent également être utilisées lorsque l'auditeur souhaite approfondir le sujet présenté par l'orateur.

L'utilisation de la paraphrase lors d'un feedback donne l'occasion à l'orateur et à l'auditeur de confirmer qu'ils sont sur la même longueur d'onde en ce qui concerne le message communiqué. Cela permet à l'auditeur de consolider sa compréhension du message de l'orateur. La paraphrase permet aux deux parties de réfléchir à ce qui est communiqué. La paraphrase peut être considérée comme une forme de miroir. Cet outil permet de se débarrasser des idées fausses qui sont parfois obscurcies par des notions préconçues. C'est également un outil que la personne qui écoute activement peut utiliser pour montrer qu'elle comprend le sujet abordé par l'orateur. La paraphrase ne doit cependant pas être considérée comme une indication d'accord. La paraphrase peut également montrer à l'interlocuteur que l'auditeur actif est attentif.

On peut également utiliser des questions pour fournir un retour d'information pendant l'écoute active. Pour encourager l'approfondissement et, par conséquent, une réponse plus détaillée, il faut utiliser le pouvoir des questions ouvertes. D'autres types de questions peuvent être utilisés dans le contexte de l'écoute active, notamment les questions suggestives et même les questions fermées, selon l'objectif du processus de communication à un moment donné. Le fondement des questions utilisées comme moyen d'obtenir un retour d'information lorsqu'une personne travaille sur ses capacités d'écoute est que les questions doivent être spécifiques par nature. L'outil de rétroaction de l'écoute active doit être utilisé par les auditeurs actifs, si possible, pour remettre en question chaque hypothèse qu'ils ont remarquée lors du processus de communication. Cela peut être fait par le biais de l'outil de feedback qu'est le questionnement. Rappelez-vous que l'outil de questionnement peut être utilisé par l'auditeur actif pour nourrir sa curiosité sur divers aspects de la communication reçue de l'orateur. Il faut considérer l'outil d'écoute active qu'est le questionnement comme un moyen pour l'auditeur actif d'obtenir des réponses à toutes les questions qu'il pourrait avoir sur le sujet qui intéresse l'orateur. Dans presque tous les scénarios de communication, il est important de poser au moins une question, car ne pas le faire peut donner l'impression que l'auditeur n'écoute pas vraiment son interlocuteur. En ce qui concerne l'outil de questionnement de l'écoute active, l'auditeur actif ne doit l'utiliser qu'après avoir écouté l'orateur et jamais avant le début de la communication.

Le bon type de retour d'information doit avoir pour but d'offrir un soutien à l'interlocuteur. L'interlocuteur doit sentir que l'auditeur actif accueille favorablement sa communication. Il faut se rappeler que l'objectif du retour d'information n'est pas nécessairement d'être d'accord, mais de faire preuve de respect envers l'interlocuteur. L'écoute active, en utilisant l'outil du feedback, doit permettre d'établir une relation de confiance avec l'interlocuteur. Si cet outil est utilisé correctement, on peut être en mesure de valider l'interlocuteur. Chaque fois que l'on fournit un retour d'information, il faut chercher à créer un environnement positif. Un moyen de créer un environnement positif afin de faciliter l'utilisation de l'outil de retour d'information dans le cadre du développement des compétences d'écoute active consiste à supprimer les barrières physiques, par exemple les tables entre l'orateur et l'auditeur, en fonction du contexte dans lequel la communication a lieu. La suppression des barrières donne l'image d'un environnement sûr et digne de confiance. Le but du retour d'information devrait être de trouver de nouvelles façons de se connecter avec l'orateur et/ou son message. Un avantage du retour d'information en tant qu'outil d'écoute active est qu'il peut aider une personne à maintenir son attention sur l'orateur si elle a l'impression que son attention faiblit. Si l'on constate que l'orateur s'éloigne du sujet, on peut utiliser des questions dans le contexte du feedback pour ramener l'orateur à son sujet initial. Cette compétence est particulièrement utile dans les environnements de travail où les gens préfèrent des réunions courtes et ciblées. Le retour d'information qui ramène la conversation vers l'interlocuteur peut être qualifié de retour d'information de soutien, tandis que celui qui prend le contrôle de la conversation peut être qualifié de retour d'information de type shift. Le feedback de type shift peut être considéré comme étant de nature narcissique. Un auditeur actif ne doit pas utiliser l'outil du feedback dans le contexte de l'écoute active pour défendre ses opinions personnelles. Le seul scénario dans lequel il est permis de détourner une partie de l'attention de l'orateur est celui où l'on partage un point qui présente un avantage mutuel pour l'orateur et l'auditeur actif. Ce type de partage peut aider l'auditeur actif à faire preuve d'empathie envers son interlocuteur.

Les personnes qui apprennent à améliorer leurs capacités d'écoute par le biais de l'écoute active finissent par accroître leur niveau de compétences, ce qui, dans un contexte professionnel, peut se traduire par une croissance de l'activité. Le retour d'information est également un moyen par lequel l'écoute active peut aider une personne à apprendre quelque chose de nouveau.

Au début, la pratique du processus de retour d'information peut sembler artificielle et gênante, mais au fur et à mesure que l'on s'efforce d'améliorer ses compétences en matière d'écoute active, l'utilisation du retour d'information comme outil d'écoute active fera partie de notre nature.

Pour améliorer l'écoute active, il faut s'efforcer de donner un feedback empathique.

Pour pratiquer l'écoute active et empathique, il faut être capable de faire preuve de patience. Le fait de partager un retour empathique donne à l'interlocuteur le sentiment d'être entendu. Utiliser le pouvoir de l'empathie lors d'un retour d'information aide également à évaluer quel type de réponse est approprié dans le contexte dans lequel la communication a lieu, car on sera en phase avec les émotions de l'interlocuteur. Il convient de noter qu'un auditeur empathique et actif facilite une communication efficace.

Il convient de noter que le langage corporel est également un moyen de faire part de ses réactions. Il faut toutefois veiller à ce que le langage corporel choisi ne soit pas une forme de distraction. Il convient de noter que les distractions peuvent parfois conduire l'interlocuteur à être frustré ou mal à l'aise, ce qui peut, à son tour, entraver le processus d'amélioration des compétences d'écoute active. Il faut savoir que le fait de rester immobile est parfois suffisant pour présenter un langage corporel positif. Selon le contexte dans lequel le feedback est donné, il peut mettre en évidence l'attention portée à la personne qui écoute activement.

Le feedback doit être donné de manière résumée, l'objectif étant que le feedback soit plus court que le message transmis par l'orateur, tout en tenant compte du contexte dans lequel le feedback a lieu. On peut utiliser des notes pour pouvoir résumer efficacement et pour garder une trace du retour d'information que l'on a l'intention de partager au moment opportun. Selon le contexte dans lequel les notes sont prises, la personne écoutée peut y voir un signe de respect.

Il faut se rappeler que le retour d'information, en tant qu'outil d'amélioration de l'écoute active, ne vise pas à résoudre les problèmes, mais constitue plutôt une voie par laquelle l'interlocuteur peut être orienté pour obtenir une solution aux défis auxquels il est confronté.

Le feedback peut également impliquer, selon le contexte dans lequel la communication a lieu, de partager avec l'interlocuteur la voie à suivre.

Pour être efficace dans l'écoute active, il faut accepter la norme de formuler des réponses pendant les pauses appropriées de l'orateur. Interrompre l'orateur à des moments inappropriés peut l'amener à perdre le respect de l'auditeur et, selon le contexte de la communication, cela peut conduire à la perte d'une opportunité, même pour une communication efficace. S'il est important de partager le feedback dans le processus de communication, il faut également être à l'aise avec les silences. Il ne faut pas laisser ses émotions, même supposées positives comme l'enthousiasme, prendre le dessus sur la nécessité d'accepter le silence comme un outil efficace d'écoute active.

Dans le contexte du feedback, pour améliorer les compétences d'écoute, il faut utiliser un langage simple dans la communication. Si l'on choisit un langage complexe ou un langage que l'autre personne ne peut pas comprendre, par exemple en raison d'une barrière linguistique, on introduit une forme de distraction dans le processus de communication, parfois appelée distraction sémantique, qui, à son tour, réduira l'efficacité de la communication. La meilleure solution consiste à utiliser le même niveau de complexité linguistique que l'orateur. De cette façon, l'auditeur ne donne pas l'impression d'être condescendant. Pour être un auditeur efficace, il faut également se concentrer sur le type de langage utilisé. Il est préférable de refléter le langage utilisé en étant sensible aux contextes culturels et à la signification des mots utilisés. L'utilisation d'un langage complexe pendant le retour d'information peut amener l'auditeur actif à se présenter comme un frimeur, ce qui peut, à son tour, annuler le processus de communication. Le retour d'information de l'auditeur actif doit être compréhensible pour l'interlocuteur et, de préférence, facile à comprendre. Lorsqu'un auditeur actif répond d'une manière à laquelle le locuteur peut s'identifier, un rapport peut être créé entre le locuteur et l'auditeur actif, ce qui améliorera la communication.

Il faut également être conscient du ton de sa voix afin d'améliorer ses capacités d'écoute par le biais de l'écoute active. Il est important de savoir que le ton de la voix utilisé peut modifier le sens du feedback partagé. Il faut également adapter le ton de voix utilisé à la situation dans laquelle se déroule la conversation.

L'utilisation efficace du retour d'information pour améliorer ses capacités d'écoute dans le contexte de l'écoute active requiert un haut niveau d'intelligence émotionnelle. La capacité à être émotionnellement intelligent peut aider une personne à améliorer ses compétences en matière d'écoute active, car elle est capable de gérer à la fois ses émotions et celles de son interlocuteur, en veillant à ce que le processus de communication ne soit pas affecté négativement.

Un auditeur actif efficace doit également être capable d'utiliser le feedback comme un moyen d'accepter les critiques constructives à son égard. Lorsque c'est l'auditeur qui émet la critique, celle-ci doit être constructive et équilibrée.

Pour améliorer les compétences en matière d'écoute active, il ne faut pas laisser des détails tels que l'accent de l'orateur le distraire et l'empêcher de se concentrer sur le message transmis.

En ce qui concerne l'environnement requis pour le retour d'information, il faut faire correspondre le type de retour d'information à un environnement adapté. Par exemple, les informations importantes peuvent être données dans des environnements exempts de toute distraction. Les distractions empêchent la libre circulation de la communication qui rend l'écoute active efficace.

Évitez les interruptions : Selon le contexte dans lequel se déroule la communication, il est important d'éviter d'interrompre l'orateur. Il faut attendre que l'orateur ait terminé ou qu'il donne le feu vert à l'auditeur pour répondre, pour qu'il intervienne. Pour réussir l'écoute active, il faut décourager les interruptions, même de la part de personnes qui ne sont pas l'orateur.

Les interruptions peuvent parfois être considérées comme un signe de manque d'intérêt, d'irrespect et même de grossièreté. Si l'on doit interrompre quelqu'un, il est prudent de laisser l'orateur terminer rapidement son intervention. Si l'on a le sentiment que l'orateur est resté en monologue pendant une période prolongée, en fonction du contexte du processus de communication, on peut, au moment opportun, par exemple pendant une pause, poser des questions fermées pour amener l'orateur à compléter son message.

Lorsque l'on interrompt quelqu'un, il y a un risque accru de malentendus et d'omettre des parties du message que l'orateur avait l'intention de communiquer.

L'avantage de développer la compétence d'écoute active est que l'on peut recevoir beaucoup plus d'informations que si l'on n'écoute pas activement. Sur le plan professionnel, cette compétence peut déterminer la vitesse à laquelle on gravit les échelons de l'entreprise. Par exemple, pour les personnes qui occupent des fonctions de vente, cette compétence est essentielle pour mener à bien leur travail. Elle permet d'établir des relations fructueuses avec les clients. Même dans le cadre de la famille et des relations personnelles, l'écoute active est une compétence essentielle. Sur le plan social, on peut élargir le nombre d'amitiés en travaillant sur cette compétence. Lorsque les gens se sentent écoutés et, espérons-le, compris, ils sont plus susceptibles de se lier plus rapidement.

Pour être un auditeur actif efficace, il faut prendre en compte les aspects émotionnels et intellectuels de la communication. La partie émotionnelle, qu'elle soit positive ou négative, peut conduire à la rupture d'une écoute active et d'une communication efficaces.

Il est important de noter que toute personne qui choisit de travailler en permanence sur ses capacités d'écoute active constatera une amélioration au fil du temps.

Comment faire en sorte que quelqu'un se souvienne de vous toute sa vie ?

Il y a des personnes qui ont maîtrisé l'art de la communication au point que des inconnus s'ouvrent à eux sur leurs vulnérabilités. Ces personnes restent longtemps dans les mémoires. On dit d'elles qu'elles ont la capacité d'avoir une présence qui est définie comme étant captivante. Il existe des personnes qui ont maîtrisé la technique de l'écoute active et qui l'utilisent pour générer de la richesse. Cela est illustré par la vie des animateurs de talk-shows. L'écoute active permet de devenir un connecteur. Elle permet aux individus de se connecter facilement et naturellement aux autres, même si le contact avec l'autre est de courte durée. Elle permet à la connexion de se produire même si c'est la première fois que les partenaires du dialogue se rencontrent. Les outils présentés dans ce chapitre peuvent être utilisés dans divers contextes, notamment professionnels et sociaux. Il existe des outils que l'on peut utiliser afin de créer un lien avec les autres, notamment :

La mise en scène : Il s'agit de créer un environnement, par

exemple par le biais de la parole ou du discours, qui permet à la personne avec laquelle on communique de se sentir détendue et à l'aise. Cela peut aussi se faire littéralement en fixant le lieu de la rencontre dans un endroit où l'on se sentira détendu. On peut également aller vers l'autre personne en se rendant là où elle se trouve ou en s'approchant d'elle. Ce cadre permet d'avoir des conversations intimes.

Des stratégies simples, comme l'absence de barrières physiques entre les personnes qui communiquent, contribuent grandement à créer un climat propice. Les barrières physiques peuvent être des bureaux ou des tables. En les supprimant, l'environnement semble plus intime et moins intimidant.

Même dans un contexte social, la mise en scène fait la différence. On peut choisir de s'asseoir à côté de la personne avec laquelle on veut établir une connexion plutôt qu'en face d'elle, en tenant compte bien sûr du contexte culturel.

Les indices non verbaux jouent un rôle sur scène, comme le croisement des mains, qui indique que l'on n'est pas prêt à être intime ou vulnérable. Lorsque l'on est ouvert, on a tendance à se connecter socialement et même physiquement, ce dernier point se produisant par le biais du toucher, ce qui peut se faire par des étreintes. En ce qui concerne le toucher, il est important de se demander si la personne qui le reçoit le trouvera offensant ou accueillant.

L'accent doit être mis sur ce que l'on peut appeler les touchers platoniques. Ces contacts permettent de créer une connexion plutôt que de créer une offense. Les contacts platoniques ont la capacité de réduire les obstacles à la communication.

Une autre façon de se préparer à être mémorable est de se

souvenir du nom de son interlocuteur et, selon le contexte, de l'utiliser pour s'adresser à lui. Se souvenir de son nom, c'est essentiellement le reconnaître, ce qui peut le rendre mémorable. En outre, pour que votre nom reste dans la mémoire de quelqu'un, vous ne devez jamais oublier de le communiquer à vos interlocuteurs. Pour que les autres s'en souviennent encore plus facilement, on peut choisir d'associer son nom à quelque chose de facile à retenir. Leur nom peut représenter quelque chose qui permettra à leur auditoire d'avoir une meilleure capacité à créer un souvenir mental chez leur interlocuteur. Pour ceux dont le nom est difficile à mémoriser, on peut choisir de le décomposer pour leur interlocuteur ou de le raccourcir à un niveau qui le rende facile à retenir.

La mise en scène peut également se faire en offrant à une personne un cadeau qui a de la valeur pour elle. Ainsi, chaque fois qu'il verra le cadeau ou, mieux encore, qu'il l'utilisera, il se souviendra de celui qui le lui a offert. Il ne faut pas oublier que le cadeau ne doit pas nécessairement être cher. Il faut plutôt se concentrer sur la pertinence du cadeau pour le destinataire.

Il est également possible de se mettre en scène en étant unique en son genre, par exemple par sa façon de s'habiller. Lorsque l'on se distingue de la foule, la possibilité d'être oublié diminue considérablement. En outre, lorsqu'une personne est authentiquement elle-même, elle a tendance à avoir un effet positif sur les autres en ce sens qu'elle se sent à l'aise en étant également qui elle est vraiment. Cela conduit à une atmosphère détendue qui rend la personne mémorable. La raison pour laquelle l'authenticité fonctionne est que le souvenir implique ici les deux partenaires du dialogue, et ce de manière positive.

L'utilisation du pouvoir de l'intrigue est également un moyen de se mettre en scène pour être mémorable. Cela peut se faire en partageant juste assez d'informations pour retenir l'attention d'un partenaire de dialogue qui attend avec impatience le reste des détails. L'intrigue est créée par la façon dont les informations sont partagées. Pour atteindre le bon équilibre, il faut donner suffisamment d'informations pour piquer l'intérêt de l'interlocuteur, sans pour autant répondre à toutes ses questions sur le sujet abordé. Dans ce contexte, on répond aux questions de manière à susciter l'intérêt pour d'autres questions. Pour créer l'intrigue, il faut être capable de savoir quel type d'information donner et sur quelle période de temps. Pour créer l'intrigue, il faut trouver un équilibre entre la satisfaction de la curiosité et la création de nouvelles questions. En aiguisant cette compétence, on sait qu'il ne faut pas donner trop d'informations à une personne qui ne souhaite pas en savoir plus. Cela peut être envisagé sous l'angle du respect de l'interlocuteur, dans la mesure où l'on ne veut pas le submerger d'informations qui ne l'intéressent pas ou peu. Dans le contexte de l'intrigue, il faut répondre aux questions d'une manière qui ne donne pas l'impression d'être sur la défensive, car cela peut annuler l'intérêt de l'interlocuteur. Lorsque l'on partage des informations dans un contexte d'intrigue, il faut toujours répondre aux questions de manière authentique pour être mémorable.

Le contexte est en soi une partie importante de la compétence de mise en scène, car il peut déterminer si l'on reste mémorable ou non. L'environnement dans lequel se déroule la communication, par exemple, peut rendre une personne mémorable. Le bon contexte peut permettre à quelqu'un de se démarquer du reste de la foule de manière positive. Pour bien utiliser l'outil du contexte pour la mise en scène, il faut être très conscient de soi.

La mise en scène peut également être obtenue par l'utilisation d'un cadre dépourvu de distractions lors d'une conversation avec des personnes. Cela peut avoir pour effet d'être mémorable, car l'interlocuteur se trouve dans un contexte qui favorise une attention totale.

En ce qui concerne la mise en scène comme moyen de rester mémorable dans l'esprit des autres, il faut être capable de savoir quand il est temps de laisser tomber une conversation. On veut le faire lorsque le partenaire de dialogue est encore intéressé par la conversation. Sinon, la conversation risque de s'éterniser inutilement et le partenaire de dialogue cherchera à s'éloigner d'eux au lieu de s'en souvenir.

Il faut toujours préparer le terrain pour qu'on se souvienne d'eux en envisageant les interactions du point de vue de l'héritage, c'est-à-dire de la manière dont on peut avoir un impact positif sur la vie d'une autre personne. Pour créer un tel impact, il faut se concentrer sur la façon dont on peut aider quelqu'un d'autre.

Le suivi est un moyen de préparer le terrain pour qu'on se souvienne de vous. Cela peut se faire dans un cadre social ou professionnel. Le suivi des conversations avec les interlocuteurs peut faire naître des relations amicales dans un cadre professionnel ou social, car les autres parties ont le sentiment d'être importantes. Le suivi, par essence, indique que l'on est prêt à sacrifier la ressource qui ne peut être régénérée, à savoir le temps, pour le bien de quelqu'un d'autre. Le suivi est un outil qui est sacrifié par nature. Pour un suivi efficace, il faut adapter le processus de manière appropriée, en tenant compte du contexte dans lequel la communication a lieu. Les suivis peuvent être rendus efficaces en étant spécifiques sur les réponses adaptées en fonction des informations recueillies, par exemple, lors de conversations antérieures. Le suivi, si possible, doit être régulier, en particulier lorsque l'on cherche à renforcer le souvenir et/ou la relation.

Prendre l'initiative est un excellent moyen d'utiliser la mise en scène comme outil pour se rendre mémorable aux yeux des autres. La prise d'initiative peut prendre la forme d'un contact avec quelqu'un ou d'une coordination d'une rencontre entre amis. Ces actions font de vous un connecteur. On se souvient facilement des connecteurs, car ils font généralement partie de réseaux sociaux variés. En fonction des activités que l'on coordonne, notamment celles qui nous rappellent des souvenirs positifs, on peut être mémorable. Il faut envisager de prendre l'initiative comme un moyen d'accroître la force et la taille de son réseau social.

Il faut éviter de rester muet si l'on souhaite ouvrir la voie à une conversation sérieuse, car les autres peuvent considérer que cela indique que l'on ne souhaite pas être engagé dans la communication.

On peut utiliser l'outil des questions ouvertes pour amener les autres à discuter avec soi. Ces questions sont celles auxquelles on ne peut répondre par des réponses spécifiques. Lorsqu'une personne partage son point de vue sur la base d'une question ouverte, elle peut finir par être suffisamment détendue et se souvenir de la personne qui lui a donné l'occasion d'être entendue.

Le contact visuel : Cet aspect doit être examiné dans le

contexte de la culture, car dans certains cas, le maintien du contact visuel est considéré comme impoli ou intimidant. Dans certaines cultures, le maintien du contact visuel est considéré comme un signe de respect, d'écoute de l'autre et même une forme d'intimité. Il peut permettre à l'interlocuteur de se sentir compris. Il donne l'impression que l'auditeur est présent. Le maintien d'un niveau approprié de contact visuel peut également donner l'impression que l'auditeur est attentif. Le contact visuel peut être utilisé pour donner l'impression de confiance, ce qui est un ingrédient important pour être mémorable.

Indices non verbaux : Le hochement de tête, le plissement des yeux, le sourire sont des exemples d'indices non verbaux qui peuvent aider à établir un lien avec les autres.

Le sourire, en tant qu'indice non verbal, peut donner une impression de confiance, ce qui est un ingrédient important pour rendre quelqu'un mémorable.

La posture est un indice non verbal qui peut également être utilisé pour donner de l'assurance lors d'une conversation avec un interlocuteur. Pour atteindre le bon équilibre de confiance, il faut adopter une posture ouverte. La bonne posture peut être obtenue, par exemple, en maintenant une posture droite. Il faut s'efforcer de ne pas gigoter, car cela pourrait diminuer l'aura de confiance. Il faut également éviter de s'avachir. Une poignée de main ferme, en fonction du contexte dans lequel se déroule la communication, peut être considérée comme un signe de confiance.

Il convient de rechercher le bon équilibre lorsqu'il s'agit de la caractéristique de la confiance en soi, car il ne faut pas donner l'impression d'être arrogant et/ou sévère, deux traits qui ne sont pas de bon augure pour être mémorable.

Ces indices utilisés dans l'art de l'écoute active permettent de savoir que ce que l'on dit est intéressant pour l'auditeur. Ils permettent de sentir que l'auditeur est sincèrement intéressé à comprendre son point de vue sur les questions. Les indices non verbaux ont la capacité de donner aux individus le sentiment d'être appréciés. Il faut donc veiller à ne pas montrer des signes non verbaux qui traduisent, par exemple, un manque d'intérêt, si l'on veut que son interlocuteur se souvienne longtemps de lui de manière positive. Lorsqu'une personne fait semblant de s'intéresser à ce que son interlocuteur a à dire, les indices non verbaux, dans la plupart des cas, trahissent sa malhonnêteté.

Les indices non verbaux peuvent être utilisés comme un outil permettant de montrer qu'une personne est accessible, ce qui est un facteur déterminant pour engager une conversation, qui à son tour, selon le déroulement de la conversation, peut conduire à ce que la personne soit considérée comme mémorable. Il faut considérer les signaux non verbaux comme le reflet que les autres individus voient de ce que l'on pense et il faut donc s'efforcer de les aligner sur le message que l'on envoie au monde.

Les poignées de main et les accolades sont des signaux non verbaux qui peuvent être utilisés pour rendre une personne mémorable. L'essentiel ici est d'être conscient de l'effet du contexte, même culturel, sur ce qui est considéré comme approprié ou non.

Pour être efficace dans l'utilisation des indices non verbaux comme outil pour rendre une personne mémorable, il est conseillé d'adapter l'outil à ce qu'une personne trouve confortable. Dans ce cas, le confort doit être envisagé du point de vue de la personne avec laquelle on cherche à interagir. L'idée ici est de refléter les niveaux de confort de son interlocuteur lorsqu'il s'agit d'utiliser des signaux non verbaux.

Paraphrase : On ne saurait trop insister sur l'importance de la paraphrase ou de la récapitulation. Il permet de s'assurer que l'on reçoit bien le message que l'orateur a l'intention de faire passer. Cela permet de créer un lien, car l'orateur sent que l'auditeur a l'intention de comprendre son point de vue et de comprendre pourquoi il se sent comme ça. La paraphrase fonctionne mieux lorsqu'on adopte le point de vue de l'humilité sacrificielle, qui consiste à faire passer l'intérêt des autres avant le sien.

Lorsque vous paraphrasez, l'utilisation de mots-clés ou de phrases utilisés par votre interlocuteur dans ses déclarations vous aidera à vous démarquer dans la mémoire de votre interlocuteur.

La paraphrase, en tant que moyen de faire en sorte que quelqu'un se souvienne de vous toute sa vie, est également un moyen de partager ses propres opinions ou points de vue sur des sujets variés qui intéressent son interlocuteur.

Les questions peuvent être présentées sous forme de paraphrase dans le but de susciter l'intérêt de l'interlocuteur. Le fait de laisser son interlocuteur s'étendre davantage sur le sujet qui l'intéresse en lui posant des questions ouvertes, par exemple, peut l'aider à se souvenir de celui qui l'écoutait. En effet, un certain nombre de personnes sont satisfaites des conversations au cours desquelles elles ont pu donner plus de détails sur des sujets qui les intéressaient à une personne qui les écoutait activement. Pour être en mesure de bien utiliser l'outil de questionnement sous forme de paraphrase, il est important de se concentrer sur ce qui est intéressant dans le sujet abordé.

Faites ressortir les similitudes : Pour établir un lien profond avec quelqu'un, il est bon de souligner à l'interlocuteur ce qu'il a en commun avec lui. Cela permet de créer un lien. Faire ressortir ce que l'on a en commun avec quelqu'un peut aider à avoir de l'influence sur une autre personne. Cela aide dans les scénarios qui nécessitent de la persuasion. Faire ressortir les similitudes peut également aider une personne à se rapprocher de son interlocuteur.

Il convient de souligner les similitudes au moment opportun, lorsque l'interlocuteur fait une pause. Lorsque l'on souligne les similitudes, il faut s'efforcer de faire en sorte que la conversation porte sur les deux parties et non sur soi-même.

Lorsque vous soulignez des similitudes, vous pouvez faire preuve d'humour pour rendre le retour d'information intéressant. Il faut toutefois veiller à prendre en compte le contexte dans lequel se déroule la conversation afin de ne pas insulter son interlocuteur, même sans le savoir. Cela laisserait un souvenir négatif dans l'esprit de son interlocuteur. L'humour peut également être utilisé comme un moyen d'évoquer l'émotion de la joie chez votre interlocuteur, ce qui vous rendra mémorable car il s'agit d'une émotion positive. Les individus se souviennent généralement des moments ou des personnes qui les rendent heureux ou leur procurent un sentiment de plaisir. Rendre quelqu'un heureux peut lui donner l'impression qu'on le comprend et qu'on l'accepte tel qu'il est vraiment.

Faire ressortir les similitudes avec son interlocuteur, c'est aussi montrer sa vulnérabilité, ce que l'interlocuteur peut considérer comme un signe de confiance, une émotion nécessaire pour créer des liens positifs à vie.

La mise en évidence des similitudes peut également être

faite dans le but de complimenter son interlocuteur. Cela suscite en lui des émotions positives, par exemple le sentiment d'être considéré comme une personne de valeur. Pour que les compliments soient authentiques, afin de ne pas donner l'impression d'être un imposteur, il faut les baser sur les réalisations effectives de l'autre partie. Le fait de formuler ses compliments de manière authentique laisse un bon sentiment qui rend le compliment mémorable dans l'esprit de la personne complimentée. Un compliment précis suscite des émotions plus fortes qu'un compliment général. Plus les émotions évoquées sont fortes, plus la personne qui les ressent a de chances de se souvenir d'elle. Les compliments ont la capacité supplémentaire de créer un environnement amical.

Vous pouvez également utiliser l'outil consistant à souligner les similitudes en comparant votre expérience avec quelque chose ou un événement communément associé, car cela peut créer une image mentale dans l'esprit de votre interlocuteur, ce qui peut vous rendre mémorable. Il faut cependant être conscient que ce que l'on raconte peut déterminer l'image mentale créée dans l'esprit de ses interlocuteurs. Ce que l'on choisit de comparer avec ce qui est facilement racontable ne doit pas entrer en concurrence avec sa propre expérience, mais la renforcer.

Concentrez-vous sur l'émotion : Pour mieux se connecter, il faut s'attacher à comprendre l'émotion qui sous-tend la raison pour laquelle quelqu'un fait quelque chose ou ressent quelque chose. Aller au cœur des émotions de la personne que l'on écoute crée un lien durable. En se concentrant ainsi sur l'émotion, on laisse une impression sur son interlocuteur. Il ne faut cependant pas que le partenaire de dialogue se souvienne de lui à travers le prisme des émotions négatives.

Se concentrer sur l'émotion en tant qu'outil permettant de devenir mémorable peut signifier chercher à faire en sorte que quelqu'un ressente des émotions positives lorsqu'il entre en contact avec une personne. Cela peut se faire en faisant des compliments à son interlocuteur. L'accent doit être mis sur l'authenticité des compliments. Faire des compliments qui ne sont pas authentiques créera une impression négative. La personne pourrait avoir l'impression d'être traitée avec condescendance.

L'objectif est de s'intéresser réellement au message de son interlocuteur et à sa personnalité.

Aussi risqué que cela puisse paraître, on peut choisir de discuter de sujets considérés comme controversés. Ces sujets, selon le contexte dans lequel se déroule le dialogue, peuvent laisser un souvenir positif, en particulier si la conversation se déroule dans les limites du respect mutuel. Il ne faut pas confondre controverse et inconvenance, car cette dernière laisse une impression négative à l'interlocuteur et peut même entraîner une perte de respect à ses yeux. Lorsque vous abordez des sujets controversés, vous devez être prêt à expliquer les raisons pour lesquelles vous défendez certains points de vue, et ce, de manière respectueuse. L'essentiel ici est de pouvoir défendre ses opinions avec tact. Se démarquer des autres via la controverse n'est parfois pas nécessairement une chose négative.

La confiance en soi est une émotion qui permet d'avoir une impression positive sur quelqu'un d'autre pendant longtemps.

Les gens aiment généralement être entourés de ceux qui sont sûrs d'eux. La confiance permet également d'interagir avec une myriade de personnes, au lieu de ne pas interagir avec n'importe qui. La confiance en soi peut se manifester à la fois verbalement et non verbalement. Pour devenir confiant, il faut travailler sur la conscience de soi. Dans ce contexte, la conscience de soi doit avoir pour but de transformer ses faiblesses en forces.

Pour ce qui est de la concentration sur les émotions, il faut toujours chercher à se concentrer sur des émotions de nature positive afin de se souvenir. Les gens ne veulent généralement pas se souvenir des émotions négatives, alors qu'ils aiment se souvenir des émotions positives. Il est donc logique de chercher à s'associer à des émotions dont les gens aiment se souvenir pour que l'on se souvienne longtemps.

La générosité est un moyen de générer des émotions positives, surtout si elle est pratiquée sans rien attendre en retour. La générosité doit viser à offrir quelque chose de valeur à son interlocuteur. Il faut se rappeler que la générosité ne consiste pas nécessairement à donner quelque chose de tangible comme un cadeau, mais qu'il peut s'agir de son temps ou de son travail. La générosité consiste à résoudre un problème pour quelqu'un d'autre. Présenter à quelqu'un une personne qui peut l'aider est un exemple de la façon dont on peut être généreux. Il ne faut jamais oublier que la générosité est axée sur l'autre. On peut apprendre à adapter un acte généreux en lisant les indices non verbaux dans une conversation avec un interlocuteur. La générosité en tant qu'outil pour être mémorable ne doit pas nécessairement être de nature directe. On peut au contraire créer une situation qui permettra de résoudre les problèmes auxquels une autre partie est confrontée. La générosité, dans sa définition de base, consiste à relier les besoins aux solutions. La générosité conduit au développement de relations qui, lorsqu'elles sont approfondies, peuvent devenir plus fortes. Lorsqu'il s'agit d'utiliser la générosité comme un outil pour être mémorable, il faut rester dans les limites de l'approprié.

Pour se concentrer sur les émotions, on peut s'impliquer en soutenant un événement caritatif. C'est l'occasion de rencontrer et de nouer des liens avec des personnes partageant les mêmes idées et passionnées par des causes similaires. La passion qu'ils ressentent pour ces causes rendra mémorables ceux qui participent avec eux à la poursuite de leurs passions.

Une autre façon de se connecter à des émotions positives consiste à accepter de ne pas être celui qui partage ses bonnes actions.

Lorsque quelqu'un d'autre fait l'éloge d'un individu, plutôt que de le laisser crier ses succès, l'individu évoque un souvenir positif chez ceux qui entendent parler de ses bonnes actions. L'utilisation de la seconde voie peut être perçue comme de la vantardise et peut donc avoir un effet négatif sur le type de souvenirs qu'elle évoque, voire aucun. Pour que l'on se souvienne d'un individu sous un jour positif, il faut continuer à faire des actions positives plutôt que de parler de ses actions positives.

En ce qui concerne les émotions en tant qu'outil permettant d'être mémorable, il faut toujours faire preuve d'enthousiasme. Mais bien sûr, cela dépend du contexte dans lequel la communication a lieu. Mais l'enthousiasme est l'émotion qu'il convient de montrer lors d'une rencontre. Cela permet aux deux parties d'être détendues et de changer l'état d'esprit en un état plus positif. Cela peut créer des souvenirs agréables dans l'esprit de chacun.

Une technique appelée "mirroring", qui consiste à refléter les émotions ou les gestes de son interlocuteur, mais de manière subtile, peut être utilisée pour être mémorable. Cette technique fonctionne à un niveau subconscient.

Laissez la tension s'installer : Lorsqu'on a l'impression d'être mal à l'aise lorsqu'on révèle sa vulnérabilité, on peut être tenté de désamorcer la situation. L'astuce ici est de ne pas céder à la tentation. Laisser la tension s'installer permet à l'interlocuteur de s'exprimer pleinement.

De même, pour l'individu qui cherche à être mémorable, la tension qu'il ressent lorsqu'il essaie de nouvelles façons d'améliorer sa mémorisation doit être acceptée comme faisant partie du voyage. Cela permettra de gérer la peur et l'anxiété que l'essai de nouvelles choses peut apporter. Pour qu'une personne soit mémorable, elle doit être prête à faire des erreurs, même aux yeux du public. Être ouvert à l'échec peut être la chose même qui rend une personne mémorable dans l'esprit de l'autre personne.

Validation : Pour créer de meilleures connexions grâce à l'écoute active, un outil utile consiste à valider les vulnérabilités que l'on expose à l'auditeur. Cela peut se faire en prenant part aux émotions que l'orateur manifeste. Faire partie du voyage émotionnel donne à la personne écoutée activement le sentiment d'être soutenue et comprise.

Soyez ouvert : Il est également important d'être vulnérable

afin de créer un lien durable avec les gens. Lorsque l'on montre sa vulnérabilité en tant qu'auditeur, l'interlocuteur se sent en sécurité pour partager sa vulnérabilité également. Il convient toutefois de connaître les limites dans lesquelles les vulnérabilités doivent être partagées, car il ne faut pas donner l'impression de partager trop de choses de manière inappropriée. Il convient également de prendre en considération le contexte dans lequel il est acceptable de partager divers types de vulnérabilité. La vulnérabilité doit cependant être authentique, car le partenaire de dialogue pourrait être offensé s'il découvrait que vous avez partagé une prétendue vulnérabilité qui, en réalité, n'existe pas. Lorsqu'une personne n'est pas authentique, elle peut finir par ne pas être mémorable. La conscience de soi permet de déterminer le bon moment pour se montrer vulnérable, dans quel contexte et dans quelle mesure, afin de donner une image appropriée.

L'ouverture, en tant qu'outil pouvant être utilisé pour être mémorable, peut signifier être ouvert au partage de ses idées avec les autres. Cela peut permettre de résoudre un problème auquel quelqu'un était confronté, et cette personne se souviendra alors de vous comme de la source de sa solution. L'accent doit être mis ici sur le partage d'idées qui peuvent être bénéfiques par nature, de préférence pour les deux parties en présence.

Être ouvert signifie également être prêt à tenter de nouvelles aventures et/ou choses dans la vie. Cela permet de rencontrer de nouvelles personnes, et donc d'enrichir son réseau social. Lorsqu'une personne est connue à travers divers réseaux, elle devient dans la plupart des cas mémorable, son nom apparaissant plus souvent qu'à son tour. En outre, le fait d'essayer de nouvelles choses peut aider une personne à acquérir de nouvelles compétences à ajouter à son ensemble de compétences, ce qui peut la rendre plus précieuse au travail ou dans ses relations. L'objectif principal ici est d'acquérir des expériences plus variées. Ces expériences peuvent être utiles pour entretenir la conversation avec les interlocuteurs. Les gens ont également tendance à mieux se lier dans des scénarios plus relaxants, comme une randonnée, car il s'agit d'une expérience pour eux aussi, ce qui peut les rendre mémorables, car les partenaires attacheront le souvenir de l'expérience à ceux avec qui ils l'ont partagée.

L'ouverture, en tant qu'outil pour être mémorable, peut consister à s'ouvrir sur ce qui a donné l'inspiration pour prendre certaines décisions qui ont changé le cours de leur vie. Un grand nombre de personnes interrogées sont interrogées de ce point de vue. Cela s'explique par le fait que les individus sont généralement attirés par les histoires d'inspiration. Les individus sont attirés par les tournants de la vie des gens, car ils peuvent parfois donner l'espoir d'un avenir meilleur dans leur propre vie.

Il convient d'envisager chaque occasion de conversation comme une possibilité d'être mémorable. Avoir cet état d'esprit permet de se détendre tout en donnant l'impression d'être confiant, ce qui est une caractéristique attrayante qui rend une personne mémorable.

Pour être mémorable, il faut être ouvert à d'autres points de vue sur des sujets variés, même s'ils ne sont pas nécessairement similaires. Cela lui donnera la réputation de ne pas porter de jugement, ce qui est un trait attrayant qui peut le rendre mémorable.

Le principal élément à prendre en compte lorsque l'on cherche à créer des liens qui feront que les gens se souviendront de nous toute notre vie est de faire en sorte que les autres aient le sentiment d'avoir de la valeur. Pour que l'écoute active soit efficace, l'attention de l'interlocuteur doit être entièrement concentrée sur lui. Cela donne le sentiment d'avoir été entendu et compris.

Être ouvert signifie également être capable d'être honnête. Les gens apprécient généralement l'honnêteté, surtout si elle est partagée de manière respectueuse, sans ressentir le besoin de mépriser les autres qui peuvent avoir des opinions différentes des siennes. L'honnêteté est généralement rafraîchissante dans une conversation et peut rendre une personne mémorable, en particulier dans le monde d'aujourd'hui où il est difficile de trouver cette caractéristique. Il ne faut pas confondre l'honnêteté avec la critique ou le jugement, car ces deux dernières caractéristiques peuvent rendre une personne mémorable dans un sens négatif.

Il faut toujours se rappeler que même si l'on s'efforce de devenir mémorable, on est condamné à faire des erreurs et même, dans certains cas, à créer des impressions que l'on ne voulait pas. C'est un processus normal dans le voyage pour devenir mémorable. C'est bien de toujours chercher à devenir une meilleure version de soi-même, mais il y a des moments où l'on n'a aucun contrôle sur les variables qui déterminent comment les autres se souviendront de nous.

S'efforcer d'être mémorable peut être un atout important dans presque toutes les industries et peut être ce qui fait que l'on est choisi sur le marché plutôt qu'un autre individu. Il faut se rappeler qu'être mémorable est, dans de nombreux cas, égal à être connu. En s'efforçant d'être mémorable, on a plus de chances de vivre une vie plus satisfaisante. Il faut se rappeler qu'être mémorable n'équivaut pas nécessairement à partager des opinions, mais plutôt à la capacité d'entraîner les autres dans une riche expérience de conversation.

Conclusion

Après avoir lu le livre, l'étape suivante consiste à prendre la décision de mettre en pratique les conseils qu'il contient. La façon d'améliorer toute compétence est d'incorporer la pratique de son utilisation dans la vie quotidienne.

Vous pouvez rechercher des occasions d'incorporer certaines idées partagées dans le livre. On peut aussi choisir de recruter activement des amis proches ou des collègues pour nous aider à améliorer nos compétences en matière d'écoute active. Cela peut permettre d'obtenir un retour d'information sur la façon dont on progresse dans son cheminement vers une meilleure écoute.

On s'attend à ce qu'au fur et à mesure que l'on suit les directives partagées, on devienne plus à l'aise et plus confiant dans sa capacité à intégrer ces directives. L'objectif final est de faire en sorte que les idées et les directives partagées deviennent une seconde nature pour toute personne qui décide de s'engager dans ce voyage de développement personnel.

Les conseils et les directives partagés dans ce livre peuvent être mis en œuvre de manière progressive pour un suivi facile des progrès. Ils peuvent être utilisés aussi bien par des individus que par des groupes. Ils s'appliquent aussi bien dans un contexte social que professionnel. Il est également possible d'adapter les conseils à un niveau permettant de former les enfants.

Les directives partagées dans ce livre sont de précieux conseils d'écoute, et le lecteur devrait être fier chaque jour des résultats et du changement de style de vie auxquels il aboutit en suivant les conseils et directives de ce livre.

Milton Keynes UK
Ingram Content Group UK Ltd.
UKHW011819170823
427026UK00001B/99

9 798201 460693